W0067533

Gerhard Lohfink

Welche Argumente hat der neue Atheismus?

Urfelder Reihe

8

GERHARD LOHFINK

Welche Argumente
hat der neue Atheismus?

Eine kritische Auseinandersetzung

VERLAG URFELD

Bibliografische Information der Deutschen Bibliothek:
Die Deutsche Bibliothek verzeichnet diese Publikation
in der Deutschen Nationalbibliografie;
detaillierte bibliografische Daten sind im Internet
über http://dnb.ddb.de abrufbar.

ISBN 978-3-932857-33-1

Satz und Umschlag: Urfeld Media
Druck und Bindung: CPI books GmbH
Umschlagbild:
Siebdruck von Victor Vasarely (Ausschnitt), Privatbesitz

www.verlag-urfeld.de

Inhalt

Vorwort

Die Umweltbedingungen für die Christen in Europa ändern sich zur Zeit schlagartig. Die Volkskirche im alten Sinn hatte schon seit langem ihre Kraft verloren. Entsprechend war das Christentum einem Großteil der Gesellschaft eher gleichgültig geworden. An Ostern wurde in den Medien nicht mehr über die Auferstehung verhandelt, sondern über die Herkunft der Ostereier. Die meisten Europäer hatten nicht einmal gemerkt, dass ihnen der Glaube abhanden gekommen war. Doch nun gerät plötzlich alles in Bewegung. Etwas Neues wächst heran: ein offensiver Atheismus.

Für die verbliebenen Christen kann das nur gut sein. Sie müssen wieder sich selbst und anderen über ihren Glauben Rechenschaft geben. In den ersten Jahrhunderten der Kirche war das noch eine Selbstverständlichkeit. Für das 21. Jahrhundert muss es neu und auf neue Weise eingeübt werden. Dazu will dieses kleine Buch helfen.

Ich widme es dankbar den Mitgliedern und Freunden der Katholischen Integrierten Gemeinde in Wangen.

Peter und Paul, 29. Juni 2008   *Gerhard Lohfink*

Einleitung:

Die neue Situation

Ein böser Geist geht um in Europa (und nicht nur dort): ein immer schriller auftretender kämpferischer Atheismus, wie es ihn seit dem 19. Jahrhundert nicht mehr gegeben hat – sieht man einmal von dem verblichenen „Wissenschaftlichen Atheismus" der Sowjetunion und ihrer ehemaligen Satelliten ab. Der neue Atheismus instrumentalisiert wie der alte die Naturwissenschaften für seine Zwecke. Er missbraucht sie und versucht, ihnen seine eigene Weltanschauung aufzuzwingen.

Naturwissenschaftler, die sich öffentlich als Atheisten bekennen, schreiben Bücher gegen das Christentum, die schnell auf die Bestsellerlisten rücken. Sie führen auch im Fernsehen das große Wort[1]. Sie propagieren überall ihre Welttheorie und verlangen lauthals, dass sie zur *herrschenden* Welttheorie werde. Sie beanspruchen die Deutungs-Hoheit über das Gesamt der Wirklichkeit. Die Kultur-Industrie greift ihre Argumente begierig auf. Sie hat einen großen Magen. Sie braucht ständig neues Futter. Natürlich giert sie auch nach dem Thema „Atheismus".

Doch die Sache ist mehr als eine Modewelle, die sich austobt und dann wieder verebbt: Seit Jahren werden gezielt atheistische Netzwerke aufgebaut. Ihre erklärte Absicht ist es, die „gefährliche Dummheit" der Religion endlich aus der Welt zu schaffen – und zwar im

Namen der Wissenschaft und der Humanität. Die Religion wird als ein Gift dargestellt, das schon immer Gewalt, Terror und Unfreiheit in die Welt gebracht habe. Dass der Schrecken vor der Gewaltbereitschaft des Islam bei dem neu ausbrechenden Atheismus eine wichtige Rolle spielt, ist nicht zu verkennen. Aber auch der Ärger über den christlichen Fundamentalismus amerikanischer Machart spielt hinein.

Inzwischen gibt es bei uns bereits ein atheistisches Kinderbuch mit dem Titel: „Wo bitte geht's zu Gott? fragte das kleine Ferkel. Ein Buch für alle, die sich nichts vormachen lassen"[2]. Im Hintergrund steht die atheistische Giordano-Bruno-Stiftung. In diesem Kinderbuch werden in bunten Bildern das Judentum, das Christentum und der Islam einem Schwein vorgeführt und dabei lächerlich gemacht – das Judentum in der Gestalt eines gereizten und aggressiven Rabbi, das Christentum symbolisiert durch einen feisten Bischof, der Islam durch einen nicht minder primitiven Imam.

2006 schrieb der in Oxford lehrende Evolutionsbiologe Richard Dawkins das Buch „The God Delusion". Es erschien in Deutschland unter dem Titel „Der Gotteswahn"[3]. Schon der Buch-Titel sagt alles: Wer an Gott glaubt, befindet sich nicht nur im Irrtum. Er ist verblendet. Er leidet unter Wahnvorstellungen. Das Buch selbst wird dann noch deutlicher: Im Grunde sind die Gottgläubigen gemeingefährlich. Sie brauchen dringend Hilfe, die sie von ihren Zwangshandlungen befreit.

Gerade bei Dawkins spielt die Polemik gegen den religiösen Fundamentalismus in den USA eine zentrale Rolle. Der Leser fragt sich immer wieder: Hat Dawkins eigentlich keine andere Form des christlichen Glaubens kennengelernt – oder ist es einfach so, dass ihm amerikanische Fernsehprediger als hochwillkommene Schießfiguren dienen? Dawkins schreibt nicht als nüchterner Naturwissenschaftler und erst recht nicht als einer, der die abendländische Geschichte abwägend betrachtet, sondern als eifernder Propagandist des Atheismus. Er gefällt sich darin, den christlichen Glauben zu dämonisieren und alles Große und Wegbereitende an dessen Geschichte konsequent zu verschweigen. Stattdessen steigert er sich in Entlarvungs-Rhetorik hinein. Aber offensichtlich mögen viele Europäer solche Dämonisierungs-Mechanismen. Das Buch und seine Übersetzungen haben schon innerhalb weniger Monate hohe Auflagen erreicht[4].

Es wäre noch vieles andere zu nennen – Indizien, die zeigen, dass sich in unserer Gesellschaft etwas ändert. Kein Christ, der etwas auf seinen Glauben hält, kommt an einer Auseinandersetzung mit dem wieder aufflammenden, missionarischen Atheismus und seiner Pseudo-Wissenschaftlichkeit vorbei.

Welche Argumente haben die neuen Atheisten? Wie begründen sie ihre Position? Im Grunde sind es die alten Argumente. Aber sie werden neu aufgewärmt und mit Evolutions-Biologie garniert. In dem vorliegenden Buch sollen die Haupt-Argumente des neuen offensiven Atheismus in acht Schritten behandelt werden. Weitere Argumente gegen die Religion und gegen das Christentum ließen sich leicht hinzufügen. Doch das Wesentliche und Wichtigste scheint mir in diesen acht Argumenten gebündelt.

Selbstverständlich sollen die Denkanstrengungen des Atheismus so genau wie nur möglich dargestellt werden. Trotzdem liegt das Schwergewicht des Buches auf der christlichen Antwort. Allerdings nicht in der Form, dass nun der christliche Glaube seinerseits entfaltet und dargestellt würde – etwa die christliche Gotteslehre und die Erkenntniswege zu Gott. Hierin liegt nicht das Ziel dieses Buches.

Es geht vielmehr darum, die Argumente des Atheismus zu falsifizieren, also zu zeigen, dass sie in keiner Weise zwingend sind, sondern mit einer verengten Sicht der Wirklichkeit arbeiten und immer wieder unzulässige Grenzüberschreitungen vornehmen. Dieses Buch möchte zeigen, dass der Atheismus kein wissenschaftlich fundiertes Denksystem ist, sondern auf Vermutungen, Unterstellungen und unbegründbaren Vorentscheidungen beruht.

In diesem Sinn ist der Atheismus auch eine Art *Glaube,* allerdings gerade nicht Glaube im christlichen Sinn, sondern Glaube im Sinn von Vermutung. Im Grunde lebt er weder von wirklicher Erfahrung noch von durchschlagenden Argumenten, sondern von der puren Verneinung – und zwar von der Verneinung der jüdisch-christlichen Tradition.

1. Argument:

Gott hat keiner je gesehen.

Also gibt es ihn nicht.

Zugegeben: So platt sagt das keiner der neuen Atheisten. Sie drücken sich sublimer aus. Aber letztlich sagen sie eben doch genau das und nichts anderes. Damit der Grundansatz ihrer Argumentation zutage tritt, muss etwas weiter ausgeholt werden.

Wir erleben heute einen sich ständig beschleunigenden Fortschritt der Technik. Der Einzelne kann diesen Fortschritt längst nicht mehr überblicken. Dem verborgenen Innenleben des Autos, des Rechners und der Spülmaschine, die er täglich benutzt, steht er nahezu hilflos gegenüber. Am unmittelbarsten erfahrbar ist die rapide Beschleunigung der Technik im Bereich der immer intensiver werdenden Kommunikation. Sie wird ermöglicht durch enorme Rechnerkapazitäten und eine ständig intelligenter werdende Software.

Wir erleben darüber hinaus eine schwindelerregend schnell wachsende Kenntnis darüber, wie der Mensch biologisch gebaut ist. Genom-Analyse, molekulare Bildgebung, Positronen-Emissions-Tomographie (PET) sind Stichwörter dazu. Grundlage dieses Fortschritts, der völlig neue Felder eröffnet, ist die Naturwissenschaft, wie sie seit dem späten Mittelalter in Europa entwickelt wurde. Was hat sie so erfolgreich gemacht?

Nichts anderes als eine radikale Reduktion. Die sogenannte exakte Wissenschaft lässt vieles einfach beiseite und beschränkt sich auf das, was sie zählen und messen kann. Hypothesen, die Überweltliches ins Spiel bringen, werden dabei – mit Recht – prinzipiell ausgeschlossen. Leitendes Prinzip der Naturwissenschaften ist die Voraussagbarkeit beziehungsweise die Nachprüfbarkeit. Alle naturwissenschaftlichen Ergebnisse müssen jederzeit und von jedem nachprüfbar sein – vorausgesetzt natürlich, dass er die entsprechende Kompetenz und die notwendigen technischen Voraussetzungen hat.

Damit ist freilich noch zu wenig gesagt. Nach einem berühmten Wort von Galileo Galilei misst die Naturwissenschaft nicht nur alles, was messbar ist, sondern sie versucht darüber hinaus, alles, was nicht messbar ist, messbar zu machen. Sie dehnt also die Bereiche des Messbaren ständig aus. Trotzdem setzt dieses Messen und Messbar-Machen eine starke Einengung des Blicks voraus. Nur eine ganz bestimmte Dimension der Wirklichkeit wird so erfasst. Aber gerade diese methodische Blickbeschränkung erwies sich als äußerst erfolgreich. Sie eröffnete eine neue Sicht von Weltall und Mensch.

Die methodische Beschränkung schuf die moderne Physik und Biologie, die grandiosen Fortschritte der Medizin und der Kommunikationstechnik. Die Naturwissenschaft war ein Erfolgserlebnis, das sich tief in das Bewusstsein des neuzeitlichen Menschen eingrub. Und sie verändert noch immer unser Bewusstsein.

Das Erfolgserlebnis „Naturwissenschaft und Technik" führte vor allem im 19. Jahrhundert zu einer Verabsolutierung der naturwissenschaftlichen Methode. Aus der methodischen Beschränkung, die für die Vermessung der Welt nicht nur richtig, sondern notwendig ist, wurde eine Weltanschauung. Man sagte nicht mehr: Wir beschränken uns auf das, was zählbar und messbar ist, sondern: Es gibt überhaupt nur das, was zählbar und messbar ist. Es existiert nur das, was sichtbar ist oder mit den entsprechenden Versuchsanordnungen sichtbar gemacht werden kann.

Das führte notwendig zu einem philosophischen Materialismus. Man hat auch von „Monismus" gesprochen. Monismus meint die Reduktion aller nur möglichen Wirklichkeitsbereiche auf eine einzige Dimension, sei diese nun materiell oder geistig. Das bedeutet im Fall des Materialismus: Es existiert nur das, was man zählen und messen kann, es gibt nur Materie und Energie. Alles, was man früher als Bewusstsein, Person, Freiheit, Vernunft, Verantwortung, Menschenwürde, Liebe, Seele und Geist bezeichnet hat, wird zu einer bloßen Ausdrucksform, einem Epiphänomen der Materie. Die Welt wird zu einer riesigen Maschine.

Damit wurde aus einer richtigen und durchaus sachgerechten methodischen Selbstbeschränkung eine Welttheorie, und zwar eine rein naturwissenschaftliche Welttheorie, die ein Monopol beanspruchte, nämlich das Monopol, die Welt adäquat erklären zu können – und zwar ohne Gott. Aus einer methodisch sinnvollen selektiven Sicht der Welt wurde eine Gesamt-Theorie der Wirklichkeit. Und das war ein schwerer methodischer Fehler, der seriösen Wissenschaftlern nicht passieren darf.

*

Was im 19. Jahrhundert in dieser Hinsicht geschah und was heute innerhalb der Soziobiologie und der Hirnforschung neue Blüten treibt, soll im Folgenden an einem Beispiel verdeutlicht werden. Stellen wir uns ein Bild des Vincent van Gogh vor, zum Beispiel eine seiner erregten Landschaften aus der Zeit in Arles oder Saint-Rémy.

Man kann durchaus mit naturwissenschaftlicher Methode an ein solches Bild herangehen. Man kann messen, wie groß es ist. Man kann feststellen, wie schwer die Leinwand ist, und ihre textile Struktur bestimmen. Man kann eine chemische Analyse der verwendeten Farben vornehmen und dabei zum Beispiel auf Veroneser Grün, Chromgelb, Zinnoberrot und Preußischblau stoßen. Man kann feststellen, dass Van Gogh ein damals gerade neu erfundenes Hellgelb auf einer Chrombasis benutzte, das im Lauf der Jahre zerfällt und immer mehr abdunkelt. Seine berühmten Sonnenblumen sind inzwischen bereits verfärbt.

Weiterhin: Man kann seine Pinselführung bis ins Kleinste untersuchen: kurze, energische Striche; aufgetupfte Lichtpunkte; aber auch pastose Flächen. Dazu spezielle Details, die nur mikroskopisch oder unter ultraviolettem Licht erfassbar sind. Das alles ist oft äußerst aufschlussreich. Es hilft zum Beispiel, einen echten Van Gogh von Fälschungen zu unterscheiden.

Aber an das Eigentliche des jeweils untersuchten Bildes ist man mit den geschilderten Analysen noch keineswegs herangekommen. Nicht einmal die Geschichte des betreffenden Bildes ist damit geklärt. Wann genau wurde es gemalt? Wo wurde es gemalt? Charakterisiert Vincent das Bild in einem der vielen Briefe an seinen Bruder? Stammt die Bildidee von ihm selbst oder malte er nach einer Vorlage? Welche Rolle spielten für ihn japanische Farbholzschnitte, die damals zum ersten Mal nach Europa kamen? Welchen Einfluss hatten französische Maler wie die Impressionisten oder etwa Jean-François Millet?

So hatte zum Beispiel sein Bild „La sieste" (verfertigt 1889/90) die Pastellarbeit von Millet „La Méridienne" (1866) zum Vorbild. Van Gogh hat die Bildkomposition Millets bis ins Kleinste übernommen: ein Mann und eine Frau, die sich nach harter Erntearbeit im Schatten eines riesigen Getreidehaufens ausruhen, zwei Menschen, zwei Sicheln, zwei Schuhe, in der Ferne zwei Zugtiere und über dem Feld sengende Mittagshitze – alles hat Van Gogh bei Millet, den er außerordentlich schätzte, abgemalt.

Und doch ist sein Bild eine Neuschöpfung. Es ist in ein völlig anderes Licht getaucht. Die Welt, die Vincent hier malt, glüht in Blau, Gelb und Braun. Also Abhängigkeit – und doch eruptiv Neues! Über derartige Beziehungen kann ein Physiker oder Chemiker mit seinen Möglichkeiten und Versuchsanordnungen keine Aussagen mehr machen. Dazu bedarf es kunstgeschichtlicher Untersuchungen, die mit einer anderen Methode arbeiten.

Doch selbst mit geschichtlicher Methodik wird man einem großen Gemälde noch nicht gerecht – so hilfreich sie ist. Es käme ja darauf an, die ästhetische Dimension des betreffenden Bildes zu erfassen. Wie sieht Van Gogh die Welt? Wie baut er in seinen Landschaften Welt auf? Wie hat er die Bildkomposition angelegt? Welche Farben hat er gewählt? In welchem Verhältnis stehen sie zueinander, und was drückt er mithilfe dieser Farben aus? Wie verhalten sich bei ihm Abbildung der Welt und Neuschöpfung von Welt zueinander? Haben die Felder, die Bäume, die Wolken, die er malt, eine Tiefendimension, die seelische Bewegungen mitaussagen? Stimmt, was Van Gogh in einem seiner vielen Briefe schreibt?

In einem Bild möchte ich etwas Tröstliches sagen, etwas wie Musik. Ich möchte Männer und Frauen mit diesem gewissen Ewigen malen, wofür früher der Heiligenschein das Symbol war, und das wir durch das Leuchten, durch das Zittern und Schwingen unserer Farben auszudrücken versuchen.

Erst mit Fragen dieser Art würde man anfangen (wohlgemerkt: anfangen!), seinen Bildern als *Bildern* gerecht zu werden. Angesichts dieser eigentlichen Wahrnehmung von Kunstobjekten muss die reine Naturwissenschaft, muss sogar die reine Kunst*geschichte* ihre Grenzen erkennen. Die ästhetische Welt eines Bildes und seine Sinndimensionen sind mit naturwissenschaftlichen Methoden einfach nicht erfassbar. Was will „exakte" Wissenschaft auch anfangen mit zitronengelb kreisenden Sonnen, mit Feldern, die wie ein reißender Strom abstürzen, mit Olivenbäumen, die dastehen, als ob sie sich verströmten, und mit Zypressen, die sich krümmen wie dunkle Schlangen?

Und nun gilt: So wenig die Naturwissenschaft die Sinndimensionen eines Bildes erfassen kann, so wenig kann sie den Sinn der Welt erfassen. Sie kann unendlich viel darüber wissen, wie, auf welche Weise die Prozesse der materiellen Welt ablaufen. Aber sie kann nichts darüber sagen, warum es die Welt gibt und ob sie ein Ziel hat. Die Naturwissenschaft kann, um es noch radikaler zu formulieren, in keiner Weise die Frage beantworten, warum überhaupt etwas ist und nicht vielmehr nichts. Mit genau dieser Frage beendete am 24. Juli 1929 Martin Heidegger seine Antrittsvorlesung in Freiburg – sie hatte den Titel: „Was ist Metaphysik?":

Warum ist überhaupt Seiendes und nicht vielmehr Nichts?[5]

Selbstverständlich fragen wir im normalen Leben nicht so zugespitzt wie Martin Heidegger. Wir fragen eher: Warum vergeht die Zeit so schnell? oder: Warum musste gerade mir das passieren? Aber noch hinter der vordergründigsten Frage, die wir stellen, steht verborgen die Grundfrage nach dem Warum der Welt, und jede Detailfrage fragt schon vor einem unbegrenzten Horizont. Wir strecken uns ständig aus nach dem Grund des Ganzen. Deshalb darf man die Welt nicht auf das reduzieren, was an ihr sichtbar, zählbar und messbar ist, und dann allen anderen Erkenntnisweisen die Qualität wahrer Erkenntnis absprechen.

Wie schrecklich, wenn wir einen Menschen, der uns gegenübersteht, auf das reduzieren würden, was an ihm messbar ist! Das ist zwar unglaublich viel: Alter, Gewicht, Größe, Bauchumfang, Haarfarbe, Blutdruck, Blutgruppe, der sogenannte Genetische Fingerabdruck (aus einer DNA-Analyse) und vieles andere mehr. Allein die übliche Laboratoriumsmedizin bietet Hunderte von Analyse-Möglichkeiten an: für Elektrolyte, Spuren-Elemente, Proteine, Hormone. Sie macht Analysen im Bereich des Fettstoffwechsels, der Hämatologie, der Serologie, der Immunologie, der Mikrobiologie, der Arbeits- und Umweltmedizin. Es ist nur schwer aufzählbar, was man heute an einem Menschen alles messen und analysieren kann. Aber weiß man damit, wer er ist?

Wer das behauptet, würde ihn zu einem bloßen Gegenstand, zum reinen Objekt degradieren. Die Erfahrung, was ein Mensch als diese eine, einmalige Person ist – mit ihrer ganzen Not und ihrem ganzen Glück, mit ihrer Liebe und ihrem Leid – muss auf einer anderen Erkenntnisebene geschehen, die Begegnung und Wagnis voraussetzt. Das Begreifen einer Person ist immer auch ein geistiges Abenteuer. Und es kann doch zu echter Erkenntnis führen. Zu einer Erkenntnis freilich, die das Geheimnis des Anderen weder zergliedert noch zerpflückt.

*

Dabei muss sich allerdings auch das geistige Erkennen vor einer gefährlichen Engführung hüten: Als sei nämlich das Geistige eine völlig andere Dimension, die mit dem Körperlichen und Leiblichen nichts zu tun hätte – als sei es eine Art Fluidum, das gleichsam über dem Materiellen schwebe. Um bei dem Beispiel „Gemälde" zu bleiben: Sein Inhalt, seine Bedeutung, seine ästhetische Dimension ist nicht von der realen Physis des Gemäldes zu trennen. Die Farbpigmente sind so geordnet, dass für den Betrachter „Bedeutung" entsteht. Ohne die Farbpigmente gäbe es diese Bedeutung nicht.

Ähnlich ist es beim Menschen: Sein Körper, sein Leib und sein Geist bilden eine nicht auflösbare Einheit. Deshalb hat das Christentum niemals wie der Buddhismus einer Entweltlichung das Wort geredet. Wenn Erlösung, dann nicht nur Erlösung des Geistes, sondern des ganzen Menschen, weil Körper, Leib und Geist überhaupt nicht zu trennen sind. Insofern ist alles, was die Soziologie, die Biologie, die Psychologie, die Hirnforschung und viele andere Disziplinen über den Menschen zu sagen haben, von fundamentaler Wichtigkeit. Nur darf es nicht isoliert werden. Es muss in andere Erkenntnisebenen integrierbar bleiben.

Wahre Wissenschaft muss für viele verschiedene Erkenntnisebenen offen sein. Wissenschaftlich denken heißt gerade: Mit Größen rechnen, die mit der eigenen Methode nicht erfassbar sind, für die es aber vielleicht andere Zugangsweisen gibt. Gilbert Keith Chesterton (1874–1936) hat das, worüber wir jetzt die ganze Zeit gesprochen haben, einmal – in der ihm eigenen Brillanz – anhand der Sehnsucht des Menschen nach einem saftigen Schinken formuliert:

Die Wissenschaft kann einen Schinken analysieren und sagen, wieviel davon Phosphor und wieviel Protein ist; aber die Wissenschaft kann nicht das menschliche Verlangen nach Schinken analysieren und sagen, wieviel davon dem Hunger, wieviel der Gewohnheit, wieviel der Einbildungskraft und wieviel einer obsessiven Liebe zum Schönen geschuldet ist. Das Verlangen des Menschen nach dem Schinken bleibt buchstäblich ebenso geheimnisvoll und unfasslich wie sein Verlangen nach dem Himmel.

Recht hat er. Der Christ hält nichts von manichäischer Weltverachtung. Selbst die gefräßigste Lust hat Dimensionen, die mit der Unendlichkeit zu tun haben. Und was bei jeder fleischlichen Lust reine Biologie – und was dieses ganz Andere ist, kann niemand auseinanderdröseln. Auch nicht die „exakte" Wissenschaft.

Hirnforscher können zwar messen, in welchen Gehirnarealen bei der Testperson X beim Anblick eines saftigen Schinkens die Synapsen feuern. Und sie können vergleichen, was bei der Testperson Y beim Anblick desselben Schinkens geschieht. Bestimmt können sie sogar noch viel mehr. Nur: Gegenüber der Komplexität und Tiefe der menschlichen Sehnsucht müssen sie ratlos bleiben. Sie kommen (als Naturwissenschaftler) nicht an das heran, was Friedrich Nietzsche meinte, als er von der Lust sprach, die Ewigkeit will:

Das trunkene Lied

O Mensch! Gib acht!
Was spricht die tiefe Mitternacht?
„Ich schlief, ich schlief –,
Aus tiefem Traum bin ich erwacht: –
Die Welt ist tief
Und tiefer als der Tag gedacht.
Tief ist ihr Weh –,
Lust – tiefer noch als Herzeleid:
Weh spricht: Vergeh!
Doch alle Lust will Ewigkeit –,
– Will tiefe, tiefe Ewigkeit!"

Nun ist es so: Die Mehrzahl der Naturwissenschaftler hält sich durchaus an die Grenzen der eigenen Methode, so wie auch Geisteswissenschaftler die Grenzen ihrer Methode nicht überschreiten dürfen. Es gibt viele Naturwissenschaftler, die staunend darüber sprechen, wie sich vor ihren Augen bei fortschreitendem Wissen immer größere Felder des Nichtwissens ausbreiten. Sie denken gar nicht daran, sich für die Beantwortung der letzten Fragen des menschlichen Lebens für zuständig zu erklären. Es gibt aber Naturwissenschaftler wie etwa Richard Dawkins, die die eigene methodische Beschränktheit nicht begriffen haben oder nicht begreifen wollen. Sie machen aus der Naturwissenschaft einen Universalschlüssel für die Erklärung der Welt und des Menschen.

*

In seinem Buch „Philosophie und Naturwissenschaften" (1949) erzählt der englische Astrophysiker Arthur Eddington die folgende fiktive Geschichte: Ein Fisch-Spezialist erforscht akribisch das Leben der Meeresfische. Immer wieder wirft er sein Netz aus, immer wieder untersucht er den Fang mit wissenschaftlicher Sorgfalt, bis er endlich nach jahrelangen Versuchsreihen zur Formulierung eines fischwissenschaftlichen Grundgesetzes kommt. Es lautet: Alle Fische sind größer als 5 cm. Da hat er sich zwar gewaltig getäuscht, denn die kleineren Fische sind ihm durch die Maschen geschlüpft. Aber für ihn ist es ein unumstößliches Gesetz. Jeder Fang hat es ihm ja bestätigt.

So naiv der Ichthyologe vorgeht – sein methodischer Fehler wird unablässig wiederholt, und viele haben es auch heute noch nicht begriffen: Die Naturwissenschaft erfasst nur einen schmalen Sektor aus dem Gesamtzusammenhang der Wirklichkeit. Weite Bereiche der Welt, weite Felder des menschlichen Lebens, sogar die allerwichtigsten, entschlüpfen ihr.

Ich bin extrem dankbar, wenn mein Zahnarzt über die modernsten Geräte und Techniken verfügt, die heute in der Zahnmedizin zur Verfügung stehen. Erst recht bin ich dankbar, wenn er sich in der neuesten Zahnforschung auskennt und darüber hinaus auch noch ein guter Handwerker mit scharfem Blick und ruhigen Händen ist. Doch halte ich ihn nicht unbedingt für kompetent, wenn es um die Frage nach dem Sinn meines Lebens geht. Wenn ich wissen will, was für mich auf dieser Ebene gut und nicht gut ist, befrage ich nicht meinen Zahnarzt – es sei denn, er ist mehr als ein guter Zahnarzt und man kann mit ihm auch über solche Dinge reden.

Sachgerecht wäre es, das Alte und Neue Testament zu befragen – beziehungsweise Menschen, die in der Tradition dieses Buches leben. Die Bibel ist gesammelte Erfahrung. Der christliche Glaube ist die Frucht einer langen Glaubensgeschichte. Er ist die verdichtete, immer wieder erneuerte, immer neu ins Wort gefasste, aber auch immer wieder korrigierte Summe von Erfahrungen vieler Generationen, von Erfahrungen, die Menschen mit dem Gott Israels gemacht haben. Es waren Erfahrungen von Männern und Frauen, von jungen und alten Menschen, Erfahrungen im Glück und im Elend, in Gesundheit und Krankheit, in Heiligkeit und in Schuld.

Hinter dem christlichen Wissen von Gott steht eine lange, über dreitausendjährige Erfahrungsgeschichte. Solcher Gotteserfahrung die Qualität echter Erkenntnis abzusprechen, würde gerade nicht wissenschaftliche Offenheit verraten, sondern den Monopol-Anspruch, echte Erkenntnis geschehe nur dort, wo mit naturwissenschaftlicher Methodik gezählt, gemessen und formalisiert werde.

*

Für die Christen verdichtet sich alles, was Israel von Gott erfahren hatte, in Jesus Christus. Von ihm sagt das Johannesevangelium in einem der Spitzensätze neutestamentlicher Theologie:

> *Gott hat keiner je gesehen. Der Einzige, der Gott ist und am Herzen des Vaters ruht, er hat Kunde gebracht. (Joh 1,18)*

Damit ist der atheistische Satz „Gott hat noch niemand gesehen" bestätigt – und zugleich um seine Wirkung gebracht. Gott hat tatsächlich keiner je gesehen. Er ist der verborgene Gott, und er muss verborgen sein, weil der irdische Mensch seine Herrlichkeit nicht ertragen könnte. Aber es gibt in der Geschichte der Menschheit Gotteserkenntnis. Und es gibt in Israel eine Geschichte der Begegnung mit Gott, die in Jesus an ihr Ziel gekommen ist. In ihm hat sich Gott endgültig zu erkennen gegeben. Jesus ist die Definition Gottes. Er ist Gottes definitive Gegenwart in der Welt. Wer den Menschen Jesus sieht, wird Gottes ansichtig.

So zu reden, setzt selbstverständlich den christlichen Glauben voraus. Aber zu behaupten, es gäbe nur das, was man sehen und messen kann, setzt ebenfalls Glauben voraus. Der Christ kann sich für seine Position immerhin darauf berufen, dass es in der Welt von den Anfängen des *homo sapiens* an Religion gegeben hat und dass die seit dem 19. Jahrhundert immer wieder totgesagte Religion weiterhin quicklebendig ist.

Vor allem aber kann er sich darauf berufen, dass sich inmitten der Vielfalt der Religionen der jüdisch-christliche Glaube als die Klärung und Erlösung aller Religion manifestiert hat. „Erlösung aller Religion"? Doch, genau das! Hier handelt es sich um ein Feld, über das sich religionskritisch reden und verhandeln lässt. Es ist ja nicht so, als sei christliche Erfahrung in keiner Weise objektivierbar. Man kann zum Beispiel das Gottesbild der Bibel mit dem Gottesbild von Naturreligionen oder die Kriegs-Aussagen des Koran mit der Bergpredigt Jesu vergleichen. Das ist an dieser Stelle freilich nicht möglich. Hier ging es nur darum, einen naturwissenschaftlichen Monopol-Anspruch auf Welterklärung zurückzuweisen.

Seriöse Naturwissenschaftler werden innerhalb der Grenzen ihres Faches bleiben und in dem Augenblick, wo sie *als Naturwissenschaftler* sprechen, die Frage offenlassen, ob es nicht eine Glaubenserkenntnis gibt, die sich von allen naturwissenschaftlichen Erkenntnisformen unterscheidet, die aber doch echte Erkenntnis ist.

2. Argument:

Gott ist eine Projektion des Menschen.

Ist diese Projektion erst einmal als solche erkannt, kann man auf sie verzichten.

Die Behauptung, Gott sei nichts anderes als eine Projektion, in welcher der Mensch sich selbst abbildet, stammt in ihrer radikalen Form von Ludwig Feuerbach (1804–1872). Aber der Gedanke selbst ist viel älter. Schon der griechische Philosoph Xenophanes von Kolophon (ungefähr 570–470 vor Christus) dachte in diese Richtung[6]. Die großen Dichter Homer und Hesiod, sagt Xenophanes, hätten die Götter als Abbild der Menschenwelt geschildert und ihnen alles nur denkbar Menschliche angedichtet. Bei den Menschen gäbe es Diebstahl – also auch bei den Göttern. Bei den Menschen komme es zu Ehebruch – also auch bei den Göttern. Die Menschen kämen durch die Geburt auf die Welt – also würden auch die Götter geboren. Die Götter hätten Gestalt und Kleider und Sprache genau wie die Griechen.

Mit Recht hält Xenophanes die Vorstellung diebischer und frivoler Götter für naiv. Und er entkräftet mit leichter Hand solche Projektionen. Die Äthiopier, argumentiert er, würden sich ihre Götter schwarz und stumpfnasig vorstellen, die Thraker hingegen blauäugig und blond. Hätten die Kühe und die Löwen eigene Götter, würden sie diese in der Gestalt von Kühen und Löwen abbilden. Daraus folge: Wir können über die

Götter nichts Sicheres wissen. Alles, was man über sie sage, sei Raten und bloße Vermutung.

Allerdings: Xenophanes ist kein Atheist. Er übt lediglich Kritik an einem naiven Gottesbild. Er zeigt, dass alle menschliche Rede über Gott von menschlichen Erfahrungen und von Bildern im Kopf des Menschen mitbedingt ist, ja mitbedingt sein muss. Anders könne man über Gott nicht reden. Aber gerade deshalb müssten auch alle bloß menschlichen Bilder überstiegen werden: Der wahre Gott könne nur *einer* sein. Er habe keine menschliche Gestalt. Er habe auch keine Gedanken wie ein Mensch. Er sei ganz Auge, ganz Ohr, ganz Gedanke. Er bewege sich nicht von einem Ort zum anderen. Er bewege vielmehr allein durch seinen Geist das All.

Das ist bereits sachgerechte Religionskritik auf hohem Niveau, aber zugleich reflektiertes theologisches Reden über Gott. Xenophanes treibt – um mit Martin Luther zu sprechen – die Bilder durch Bilder aus. Das heißt aber: Er zeigt, dass man über Gott nur *uneigentlich,* nur analog reden kann. Alles Reden über Gott muss sich zwar menschlicher Begriffe bedienen, muss in Bildern geschehen, die von menschlicher Erfahrung ausgehen. Insofern kann man über Gott tatsächlich nicht ohne „Projektion" reden. Und doch müssen all diese Bilder, die aus menschlicher Erfahrung stammen, zugleich verneint und überstiegen werden: Gott denkt nicht wie der Mensch irgendwelche Gedanken, sondern er ist in sich selbst reiner Gedanke.

*

Ludwig Feuerbach hat den ersten Schritt, den Xenophanes getan hatte, bei dem dieser aber nicht stehen
geblieben war, verabsolutiert. In seiner Schrift „Das
Wesen des Christentums" (erschienen 1841) behauptet er, die Religion gehöre in die kindisch-phantas-
tische Phase der Menschheit hinein. In dieser Phase
habe der Mensch sein eigenes unendliches Wesen ver-
selbständigt und es sich als ein absolutes Wesen ent-
gegengesetzt. Er habe also das, was er in seinem Innern
selber sei, nach außen verlegt. In Wahrheit sei der
Mensch das höchste Wesen. Gott sei nichts anderes als
Spiegelung, Abbildung und Vergegenständlichung des
menschlichen Wesens:

> *Die Religion zieht die Kräfte, Eigenschaften, We-*
> *sensbestimmungen des Menschen vom Menschen*
> *ab und vergöttert sie als selbständige Wesen –*
> *gleichgültig ob sie nun, wie im Polytheismus,*
> *jede einzeln für sich zu einem Wesen macht, oder,*
> *wie im Monotheismus, alle in e i n Wesen zusam-*
> *menfaßt* [7].

Auf diese Weise sei der Mensch auseinandergerissen
worden. Er habe sich von sich selbst entfremdet:

> *Die Religion ist die Entzweiung des Menschen mit*
> *sich selbst: er setzt sich Gott als ein ihm entgegen-*
> *gesetztes Wesen gegenüber. Gott ist nicht, was der*
> *Mensch ist – der Mensch nicht, was Gott ist. Gott*
> *ist das unendliche, der Mensch das endliche Wesen;*
> *Gott vollkommen, der Mensch unvollkommen;*

Gott ewig, der Mensch zeitlich; Gott allmächtig,
der Mensch ohnmächtig; Gott heilig, der Mensch
sündhaft. Gott und Mensch sind Extreme: Gott das
schlechthin Positive, der Inbegriff aller Realitäten,
der Mensch das schlechtweg Negative, der Inbegriff
aller Nichtigkeiten.

Aber der Mensch vergegenständlicht in der Religion
sein eignes geheimes Wesen. Es muß also nachgewie-
sen werden, dass dieser Gegensatz, dieser Zwiespalt
von Gott und Mensch, womit die Religion anhebt,
ein Zwiespalt des Menschen mit seinem eignen We-
sen ist[8].

Auf die Dauer lasse sich die Entfremdung des Menschen mit sich selbst nicht durchhalten. Es käme darauf an, die Entfremdung wieder aufzuheben, das
heißt, den Menschen in seinem wahren Wesen zu erkennen: Er sei nicht ein endliches, beschränktes, sondern ein unendliches, absolutes, göttliches Wesen.

Nach Feuerbach hat also die Religion schon immer
etwas Richtiges geahnt. Sie hat es nur an der falschen
Stelle gesucht. Was sie als Gott im Himmel verehrte,
war in Wahrheit der Mensch selbst. So sei zum Beispiel das Gebet nichts anderes als „ein Gespräch des
Menschen mit sich selbst". Im Gebet habe der Mensch
schon immer sein eigenes Herz angebetet, im Gebet
habe er sich selbst als „das höchste, das göttliche Wesen" angeblickt[9].

Der Leser möge die Unterbrechung verzeihen: Mir
fällt, wenn ich höre, dass ich beim Beten mich selbst

als göttliches Wesen anblicke, unweigerlich eines der
besten Gedichte von Robert Gernhardt ein[10]:

Selbstbefragung
Ich horche in mich rein.
In mir muß doch was sein.
Ich hör nur „Gacks" und „Gicks".
In mir da ist wohl nix.

Besser kann man das ganze Getue um das *naturhaft*
Göttliche im Menschen nicht entlarven. Doch hören
wir wieder Feuerbach: Sei das kindliche Stadium der
Religion erst einmal überwunden, so höre auch die
Entzweiung zwischen Gott und Mensch auf. Der
wahre Gott des Menschen sei dann der Mensch selber.
Der Atheismus führe also dazu, das ewige, göttliche
Wesen des Menschen zu erfassen. Der Atheismus sei
der einzig wahre Humanismus, denn er allein begreife
den Menschen in seiner Größe und Herrlichkeit.

*

Feuerbach macht in seiner Projektionstheorie eine
entscheidende Voraussetzung, die seine gesamte Konstruktion tragen muss: Wenn er behauptet, der
Mensch sei unendlich und göttlich, so meint er nicht
den einzelnen Menschen, das Individuum, sondern
den Menschen allgemein. Er redet deshalb unablässig
vom „Wesen" des Menschen. Der Einzelne sei immer
endlich und beschränkt, aber in seinem „Wesen" beziehungsweise als „Gattung" sei der Mensch unendlich und ewig:

Mein Wissen, mein Wille ist beschränkt; aber meine Schranke ist nicht die Schranke des andern, geschweige der Menschheit; was mir schwer, ist dem andern leicht; was einer Zeit unmöglich, unbegreiflich, ist der kommenden begreiflich und möglich. Mein Leben ist an eine beschränkte Zeit gebunden, das Leben der Menschheit nicht. Die Geschichte der Menschheit besteht in nichts anderem als einer fortgehenden Überwindung von Schranken, die zu einer bestimmten Zeit für Schranken der Menschheit, und darum für absolute, unübersteigliche Schranken gelten. Die Zukunft enthüllt aber immer, daß die angeblichen Schranken der Gattung nur Schranken der Individuen waren. (…) Unbeschränkt ist also die Gattung, beschränkt nur das Individuum[11].

Der Einzelne mag also nach Feuerbach durchaus bedürftig und unvollkommen sein – der Mensch als Gattungswesen hingegen ist unbeschränkt, vollkommen und damit göttlich. Doch leistet diese Unterscheidung, was sie leisten muss, soll nicht die ganze Konstruktion in sich zusammenbrechen? Feuerbach muss den unvollkommenen Einzelnen durch die Andersartigkeit des Anderen ergänzen. Und er muss das Wesen des Menschen insgesamt sich immer weiter vervollkommnen lassen. Er muss also mit der Zukunft arbeiten. Das ist jedoch ein Bauen auf schwankendem Grund. Woher weiß Feuerbach, ob der Mensch nicht auch das Abwegige, das Unmenschliche, ja das Böse perfektioniert? Und selbst wenn der Mensch tatsächlich im ethischen Sinn immer vollkommener würde, wäre er dann schon göttlich?

Feuerbach ist offensichtlich noch viel zu sehr von der Vorstellung der Aufklärung beeindruckt, der Mensch könne sich zu immer größerer Vollkommenheit emporarbeiten. Man nannte das damals die Perfektibilität des Menschen.

Das 19. Jahrhundert hat diesen Traum, angestachelt durch den wissenschaftlichen Fortschritt, immer noch weitergeträumt. Das 20. Jahrhundert hat dann ernst gemacht und den Glauben an die Selbstherrlichkeit des Menschen radikal und auf breiter Front durchexperimentiert.

Was dabei herauskam, war über alles Maß schrecklich. Offenbar verliert eine Gesellschaft, die sich nicht mehr an die Zehn Gebote gebunden fühlt, weil sie sich selbst als göttlich-absolut ansieht, jede Hemmung, den Menschen in den Schmutz zu treten. Noch in keiner Epoche sind solche Ströme von Blut geflossen wie im 20. Jahrhundert. Noch in keinem Jahrhundert ist versucht worden, ein ganzes Volk fabrikmäßig zu ermorden.

Es wäre also durchaus sinnvoll, den Glauben Feuerbachs an die Göttlichkeit des Menschen von seinen Folgen her zu betrachten. Der Mensch ist auch in seiner allgemeinen Wesensnatur nicht göttlich, sondern Geschöpf. Er ist von seinem Wesen her hilfsbedürftig und ständig gefährdet. Vergisst er das und hält er sich selbst für absolut, wird er tierischer als jedes Tier. Die

34

Konsequenz der Philosophie Feuerbachs war nicht eine neue Humanität, sondern Bestialität.

Feuerbachs These von der Begrenztheit des Einzelnen, aber von der göttlichen Vollkommenheit der Gattung „Mensch" war nichts anderes als eine Hilfskonstruktion, die seine Projektionstheorie ermöglichen sollte.

*

Man kann also die Thesen Feuerbachs von ihren geschichtlichen Folgen her hinterfragen. Doch lohnt es sich, seine Projektionstheorie auch einmal von ihrer erkenntnistheoretischen Seite her ins Auge zu fassen. Wird sie überhaupt der Art menschlichen Erkennens gerecht? Feuerbach behauptet ja, wenn der naive Mensch von Gott gesprochen habe, so habe er stets – ohne es zu merken – von sich selbst gesprochen. In der Religion verhalte sich der Mensch grundsätzlich nur zu sich selbst. Er erkenne gar nicht Gott außerhalb von sich selbst, sondern immer nur sich selbst in seinem göttlichen Wesen. Man könnte durchaus sagen: Bei Feuerbach ist alle Erkenntnis in sich gekrümmt. Sie endet stets wieder beim Menschen. Denn:

> *der Mensch kann nun einmal nicht über sein wahres Wesen hinaus* [12].

Der Mensch hat also keine Möglichkeit, sich selbst und die Welt zu transzendieren. Er ist mit seinem Erkennen wie in einen Käfig eingesperrt. Weil er keinen unendlichen Horizont hat, muss er, so behauptet Feuerbach, selbst unendlich sein. Aber ist das die Art und Weise, wie wir erkennen?

*

Kehren wir noch einmal für einen Augenblick zu der Wahrnehmung von Kunstwerken zurück. Wir hatten gesehen, dass hier eine rein zählende und messende Methode durchaus sinnvoll ist, dass sie aber noch im *Vorfeld* der wirklichen Erfassung des ästhetischen Objekts verbleibt. Ähnliches galt bezüglich einer rein historischen Betrachtungsweise von Kunst. Erst die *ästhetische* Wahrnehmung wird einem Kunstwerk gerecht.

Doch selbst hier stellt sich noch einmal die Frage: Reicht ein rein ästhetischer Zugang? Könnte es sein, dass ein Kunstwerk über alles Ästhetische hinaus mehr einfordern will? Vielleicht so etwas wie eine Entscheidung, eine Neubesinnung, vielleicht sogar Umkehr? Rainer Maria Rilke (1875–1926) beschreibt in einem seiner berühmtesten Gedichte eine archaische Figur des Apoll. Sie ist nur noch als Torso vorhanden, aber dieser Torso glänzt vor dem Betrachter auf und schlägt ihn in seinen Bann:

Archaischer Torso Apollos

Wir kannten nicht sein unerhörtes Haupt,
darin die Augenäpfel reiften. Aber
sein Torso glüht noch wie ein Kandelaber,
in dem sein Schauen, nur zurückgeschraubt

sich hält und glänzt. Sonst könnte nicht der Bug
der Brust dich blenden, und im leisen Drehen
der Lenden könnte nicht ein Lächeln gehen
zu jener Mitte, die die Zeugung trug.

Sonst stünde dieser Stein entstellt und kurz
unter der Schultern durchsichtigem Sturz
und flimmerte nicht so wie Raubtierfelle

und bräche nicht aus allen seinen Rändern
aus wie ein Stern: denn da ist keine Stelle,
die dich nicht sieht. Du mußt dein Leben ändern.

Dieses Gedicht rechnet damit, dass es Kunstwerke
gibt, die mehr sind als ästhetische Gebilde. Die in je-
nen Bereich gehören, wo der Betrachter in Schrecken
und zugleich in Faszination gerät – und zwar so ele-
mentar, dass es sein gesamtes Leben berührt.

Es ist keine Frage, dass die Kunst Derartiges bewir-
ken kann. Man braucht ja nur an große musikalische
Werke oder an bestimmte Filme zu denken, nach denen man stumm das Kino verließ und mit niemandem
reden mochte. Auch Van Gogh, von dem im voran-
gegangenen Kapitel die Rede war, wollte mehr als nur
ästhetische Gebilde schaffen. Er hat in der kurzen
Zeit, die er in Südfrankreich lebte, geradezu mit Be-
sessenheit gemalt. Er wollte den Dingen und den
Menschen auf den Grund kommen. Er wollte dem
Betrachter seiner Bilder die atemberaubende Schönheit und Abgründigkeit der Welt zeigen. Aber lassen
wir die Kunst beiseite! Was Rainer Maria Rilke in dem

zitierten Gedicht schildert, geschieht immer von neuem in der Begegnung zwischen Menschen.

Es geschieht zum Beispiel, wenn zwei Menschen anfangen, einander zu lieben. Falls es wirkliche Liebe ist, kommt dabei der ganze Mensch ins Spiel. Von der Ausschüttung von Hormonen bis zu dem Lächeln, das den Partner verzaubert. Zugleich wird dabei aber alles Biologische noch einmal überstiegen. Es würde eben nicht genügen, wenn das Lächeln der Geliebten nur ein mechanisches Lächeln wäre. Es muss aus ihrer Seele kommen, es muss seelenvoll sein, wie die Sprache zu recht sagt. „Aus der Seele" heißt: aus der Tiefe der Person. Das Lächeln des Gegenübers ist voll Herzensgüte. Liebe ist eben nicht nur ein hormonaler Prozess. Liebe, wenn sie denn wirklich Liebe ist, ist auch ein geistiges Erkennen. Sie ist unendlich wohlwollendes Gewahrwerden der Person des Anderen.

Und genau damit sind wir nun an dem Punkt, auf den es hier ankommt. Einen anderen Menschen als Person zu erkennen, ist etwas völlig anderes, als dem Gegenüber das eigene Ich, das eigene Wesen überzustülpen. Einen Menschen zu erkennen, heißt gerade, ihn als den Anderen in seiner Andersartigkeit zu sehen und anzunehmen. Er ist nicht eine Projektion meiner selbst, und ich habe niemals das Recht, ihn für mich zu vereinnahmen. Lieben heißt gerade, den Anderen ihn selbst sein zu lassen – und ihn dennoch nicht loszulassen.

Das bedeutet nun aber: Erkennen in seiner höchsten Form setzt den Partner keineswegs als eigenen Entwurf aus mir heraus. Der, den ich liebe, ist keine Projektion meiner selbst, sondern er begegnet mir mit seinem eigenen, ganz anderen Selbst. Er ist gerade nicht Ich selbst, sondern er steht mir gegenüber, ja er ist mir – richtig verstanden – sogar widerständig. Liebe, die den Anderen zur Form des eigenen Ich und damit zur Projektion des eigenen Selbst machen will, vergewaltigt ihn. Deshalb muss sie auch scheitern.

Wahrscheinlich würde Feuerbach das alles zugeben. Er kann im „Wesen des Christentums" außerordentlich schön über die menschliche Liebe und die Ich-Du-Beziehung sprechen. Die Frage ist aber gerade, ob die Begegnung mit dem Fremden, dem ganz Anderen, das mir im geliebten Menschen entgegentritt, sich nicht in jedem geistigen Erkennen vollzieht.

Es gilt zum Beispiel auch für die Interpretation von Texten. Wir dürfen bei der Auslegung eines Textes gerade nicht die eigenen Ideen in den Text projizieren, sondern wir haben uns dem Fremden, dem uns Unbekannten und Unerwarteten eines Textes zu stellen. Wir müssen damit rechnen, dass uns ein Text in eine neue Welt führt, von der wir vorher keine Ahnung hatten – in eine Welt, die nicht schon verborgen in uns ruhte, sondern die uns mit ihrer Andersartigkeit fasziniert, vielleicht sogar erschrecken lässt. In jedem echten Erkenntnisakt überschreiten wir uns selbst.

Die Projektionstheorie Feuerbachs leidet unter falschen Voraussetzungen. Sie setzt eine massive Verengung der Welt voraus: Es gibt nur das Selbst des Menschen. Er ist das, was im christlichen Glauben

Gott ist, und deshalb sind alle Aussagen über Gott in Wahrheit Aussagen über den Menschen. Feuerbach rechnet gar nicht damit, dass uns beim theologischen Erkennen Gott als der ganz Andere entgegentreten könnte, als fremder Wille, als Herr über unser Leben, als einer, der gerade nicht der Ausdruck unseres eigenen Wesens ist. Gott ist nicht mein Ich und auch nicht unser Wir.

*

Feuerbach begreift nicht einmal die Wucht, die schon in der allereinfachsten Begriffsbildung steckt. Das menschliche Erkennen greift ja ständig über die Einzelobjekte, die sich den Sinnen darbieten, hinaus und stellt sie in einen unendlichen Horizont. Wenn ich „Haus" sage oder „Stuhl", meine ich eben nicht nur das Haus, in dem ich gerade wohne, oder den Stuhl, auf dem ich gerade sitze, sondern zugleich alle Häuser, die es geben kann und alle Stühle, auf denen man Platz nehmen kann. Die Herstellung dessen, was die Philosophie einen Begriff nennt, ist, genau besehen, ein unheimlicher Vorgang. Denn der Begriff ist in der Lage, sämtliche Einzeldinge, die er umfasst, mit einem einzigen sprachlichen Zeichen zusammenzufassen. Jeder Begriff macht aus dem konkreten Einzelding etwas Unendliches und erkennt zugleich vor einem unendlichen Horizont das Einzelne in seiner Endlichkeit – eben als Einzelnes.

Wenn Genesis 2,20 sagt, der Mensch habe jedes lebendige Wesen benannt, ihm also einen Namen, einen

40

Begriff gegeben, so ist damit bereits dieses Wunder des Transzendierens, des Hinausgreifens über das Einzelding in einen umfassenden Begriff hinein ausgesprochen. Der Mensch kann gar nicht anders, als ständig sich selbst und das ihm Zuhandene zu übersteigen. Er ist nicht nur unendlich neugierig, er setzt auch mit jedem Begriff, den er bildet, gleichsam Unendliches. Und nur im Ausgriff auf das Unendliche kann er das konkrete Endliche *als Endliches* erfassen.

Dem Ständig-über-sich-selbst-Hinausgreifen entspricht das Phänomen, dass der Mensch alles in Frage stellen kann. Und dem Alles-in-Frage-Stellen entsprechen die Unruhe des Menschen und die Erfahrung, dass er sich niemals zufrieden gibt. Das Herz des Menschen ist unruhig, bis es Ruhe findet in Gott, sagt Augustinus[13]. Warum ist das so? Nach Feuerbach dürfte der Mensch eigentlich gar nicht über sich selbst hinausgreifen. Er ist ja selbst unendliches Wesen. Er ist ja als Gattungswesen selbst göttlich. Die Menschen sind sich selbst alles.

In Wahrheit aber steigen wir unablässig über uns selbst hinaus. Jede Begriffsbildung ist schon ein Transzendieren, geschieht schon unter der Voraussetzung eines unendlichen Horizonts. Mit solchen Überlegungen soll an dieser Stelle kein Gottesbeweis geführt werden (obwohl ein Gottesbeweis genau hier ansetzen könnte). Unsere Überlegungen wollen nur den Blick dafür öffnen, dass der Mensch sich ständig auf das Unendliche ausspannt. Die Behauptung, der Mensch rede, wenn er über Gott rede, immer nur über sich selbst, weiß nichts von der Ungeheuerlichkeit des menschlichen Erkenntnisaktes.

Wenn der Mensch sich selbst ständig transzendiert – in seinem Erkennen und in seinem Wollen, so wird damit noch ein anderes Element der Feuerbachschen Projektionstheorie zutiefst fragwürdig. Feuerbach behauptet nämlich, zusammen mit vielen anderen Kritikern des Christentums, Gott und das Jenseits seien nichts anderes als eine *Kompensation* – eine Kompensation für Leiden und Unerfülltheit im irdischen Leben. Weil es in dieser Welt an Trost und Glück fehle, suche die Religion als Ausgleich Trost und Glück in einem erdichteten Jenseits.

Wenn es aber richtig ist, dass es gar keinen menschlichen Erkenntnisakt ohne Vorgriff auf ein unendliches Gesamt der Wirklichkeit gibt, dann ist das ständige Sich-selbst-Transzendieren des Menschen eben kein Fluchtphänomen und erst recht keine Trostsuche von im Leben zu kurz Gekommenen, sondern etwas viel Grundlegenderes. Dann denkt und handelt der Mensch schon immer im Ausgriff auf unendliches Sein, und Gott ist dann keine Kompensation für Benachteiligte, sondern Konkretion dessen, wohin der Mensch schon immer ausgespannt ist.

*

Im Übrigen hat der christliche Glaube, eben auch was das Böse angeht, ein anderes Bild vom Menschen als Ludwig Feuerbach. Der Glaube weiß, dass der Mensch dem Bösen verfallen kann und dass er deshalb

Hilfe braucht. Der Mensch ist keineswegs göttlich, weder als Individuum noch in seiner Wesensnatur. Er ist von seinem Wesen her begrenzt, endlich, hinfällig, versuchbar, verführbar. Er kann sich dem Bösen mit schrecklicher Konsequenz hingeben.

Man kann Feuerbach wohl gar nicht ganz verstehen, wenn man nicht den naiven Fortschrittsglauben in Rechnung stellt, der das 19. Jahrhundert erfüllte. Ich habe gezeigt, sagt Feuerbach in der Vorrede zur zweiten Auflage vom „Wesen des Christentums",

> *dass das Christentum längst nicht nur aus der Vernunft, sondern auch aus dem Leben der Menschheit verschwunden, daß es nichts weiter mehr ist, als eine* fixe Idee, *welche mit unsern Feuer- und Lebensversicherungsanstalten, unsern Eisenbahnen und Dampfwägen, unsern Pinakotheken und Glyptotheken, unsern Kriegs- und Gewerbsschulen, unsern Theatern und Naturalienkabinetten im schreiendsten Widerspruch steht* [14].

Nun ja. Da hat einer den Mund ziemlich vollgenommen. Im Übrigen ist es doch sehr ehrenvoll, wenn das Christentum von einem seiner Verächter bestätigt bekommt, dass es zu den „Kriegsschulen" in schreiendstem Widerspruch steht. Und inwiefern „Dampfwägen" und „Gewerbsschulen" die Göttlichkeit des Menschen ahnen lassen, ist uns Heutigen nicht mehr so ganz leicht zu vermitteln.

Nein, der Mensch ist kein göttliches Wesen, auch wenn der Pantheismus, die Gnosis und sogar der

Naturalismus Feuerbachs dies liebend gern so hätten. Allerdings: Die christliche Theologie spricht von einer „Vergöttlichung" des Menschen. Aber diese Art von Göttlichkeit ist gerade keine Naturanlage, sondern reines Geschenk, Teilhabe an der Gottessohnschaft Jesu Christi.

Der christliche Glaube denkt also viel nüchterner und kritischer von der menschlichen Natur als Feuerbach. Der Glaube weiß, wozu der Mensch an Bösem fähig ist. Zugleich aber denkt er viel höher vom Menschen. Er weiß, wozu die menschliche Natur von Gott erhoben wird.

3. Argument:

Der Mensch hat sich aus dem Tierreich entwickelt.

Also braucht er keinen Schöpfer.

Das hier formulierte 3. Argument bildet schon seit
dem 19. Jahrhundert eine der Hauptwaffen des Atheismus. Zunächst verbreitete diese Waffe tatsächlich
Furcht und Schrecken. Als man der Gattin des angli-
kanischen Bischofs von Worcester eines Tages von
Darwin und seiner gerade veröffentlichten Evolutionstheorie[15] erzählte, soll sie ausgerufen haben: „Lieber Gott, lass es nicht wahr sein, und wenn es doch
wahr ist, dann lass es wenigstens nicht bekannt werden!"

Inzwischen hat sich diese seltsam anmutende Ge-
spensterfurcht allerdings bei vernünftigen Christen
gelegt. Denn die Evolutionstheorie funktioniert einfach nicht als Waffe gegen den Schöpfungsglauben.
Das hindert Richard Dawkins (*1941) allerdings
nicht, genau wie einst Ernst Haeckel (1834–1919)
mithilfe der Evolution gegen das Christentum zu argumentieren. Aber eben nicht mit einer wissenschaftlich offenen, sondern einer weltanschaulich einge-
färbten Evolutionstheorie.

Wir können an dieser Stelle etwas schneller voran-
gehen. Denn hier liegt nur ein Spezialfall dessen vor,
was wir bereits unter Argument 1 besprochen haben.
Über die Evolution lässt sich naturwissenschaftlich
unendlich viel sagen. Aber nichts davon widerlegt den

Gottesglauben und den Glauben an die Welt als Schöpfung Gottes.

*

Die Naturwissenschaftler sollen ruhig hart daran arbeiten, die Phänomene der Evolution zu sichten und zu ordnen. Sie sollen uns zeigen, wie vor rund 4–6 Milliarden Jahren die ersten Zellen entstanden sind, also der Übergang vom Anorganischen zum Organischen, von der unbelebten Materie zu der ältesten Form von Leben – der Übergang zu einer Struktur, die sich selbst kopieren kann und die einen Stoffwechsel hat. Wahrscheinlich geschah dieser Übergang bei den sogenannten Blaualgen. Vielleicht waren aber auch Bakterien die ersten Lebewesen.

Die Naturwissenschaftler sollen uns ruhig immer genauer zeigen, wie dann aus den ältesten, noch relativ einfachen Bauformen des Lebens komplexere Organismen entstanden sind:
– vor rund 500 Millionen Jahren die ersten Fische,
– vor rund 400 Mill. Jahren die ersten Baumfarne,
– vor rund 300 Mill. Jahren die ersten Kriechtiere,
– vor rund 200 Mill. Jahren die ersten Säugetiere.
Und sie sollen uns immer genauer und immer detaillierter zeigen, wie sich dann vor 2–5 Millionen Jahren der Mensch langsam, unendlich langsam aus seinen tierischen Vorfahren entwickelt hat.

Die Gattinnen anglikanischer Bischöfe brauchen keine theologisch unsinnigen Gebete mehr zum Himmel zu schicken, denn gegen all das hat ein vernünf-

tiger Christ heute nicht mehr das Geringste einzu-
wenden. Im Gegenteil: Er wird sich an der Evolution
erfreuen. Er wird den unendlichen Reichtum sich bil-
dender Formen bewundern. Er wird staunen über das
Sich-Herantasten der Evolution an immer komplexere
Strukturen, und er wird hinter dem Spiel von Reproduktion, Mutation und Selektion und der unfassli-
chen Fülle, die aus diesem Spiel hervorgeht, nicht nur
die Natur, sondern hinter der Natur Gott selbst am
Werk sehen.

*

Leider gibt es christliche Fundamentalisten, die hier
aus einem falschen Bibelverständnis heraus noch immer anderer Meinung sind. Sie lehnen die Evolutionstheorie radikal ab. Doch fügen sie dem Christentum
damit schweren Schaden zu. Sie haben immer noch
nicht begriffen, was es heißt, die Bibel wörtlich zu nehmen. Denn „wörtlich" nimmt man die Bibel gerade
dann, wenn man die Art, in der sie redet, ernst nimmt:
das heißt, wenn man ihre Textgattungen beachtet.

Den Text von der Schöpfung in Genesis 1 zum Beispiel nehmen wir nur dann wörtlich, wenn wir ihn
nicht als naturhistorische Dokumentation lesen, sondern als eine hochtheologische Erzählung, die Gott als
den Schöpfer Himmels und der Erde zeigen und zugleich die Institution des Sabbats von der Schöpfungs-
ordnung her begründen will. Deshalb arbeitet Gott
sechs Tage lang und ruht sich am siebten Tag von seiner Arbeit aus.

Die biblische Schöpfungsgeschichte zeigt übrigens selbst, dass sie nicht als kosmologische beziehungsweise biologische Dokumentation gelesen sein möchte. Es gibt nämlich in Genesis 1–2 *zwei* Schöpfungserzählungen, die sich grundlegend voneinander unterscheiden.

Die erste (Gen 1,1–2,4a) verrät uns sofort, woher sie stammt. Sie stammt aus einem Milieu, in dem es sehr viel Wasser gab. Sie entstand in einer Region, in der man immer wieder mit Überschwemmungen zu rechnen hatte und in der es darauf ankam, die Wasserströme zu regulieren. In Genesis 1 muss Gott ja das Chaos des Anfangs bändigen, indem er inmitten vieler Wasser trockenes Land schafft. Er muss scheiden zwischen Wasser und Land, er muss das Gewölbe des Firmaments als eine Scheidewand zwischen den oberen Wassern und den Wassern der Tiefe errichten:

> *Dann sprach Gott: Ein Gewölbe entstehe mitten in den Wassern und scheide die Wasser von den Wassern. Gott machte also das Gewölbe und schied die Wasser unterhalb des Gewölbes von den Wassern oberhalb des Gewölbes. Und so geschah es.*
> *(Gen 1,6–7)*

> *Dann sprach Gott: Es sollen sich die Wasser unterhalb des Himmels an einen einzigen Ort sammeln, damit das Trockene sichtbar werde. Und so geschah es. Das Trockene nannte Gott Land, und die Ansammlung der Wasser nannte er Meer.*
> *(Gen 1,9–10)*

So sah man offensichtlich die Dinge im Zweistrom-
land zwischen Eufrat und Tigris, wenn man die Ent-
stehungsgeschichte der Welt erzählen wollte. Ganz
anders die zweite Schöpfungserzählung in Genesis
2,4–14. Sie beginnt folgendermaßen:

> *Zu der Zeit, als JHWH-Elohim Erde und Himmel*
> *machte, gab es auf der Erde noch keine Feldsträu-*
> *cher, und es wuchsen noch keine Feldpflanzen;*
> *denn JHWH-Elohim hatte es auf die Erde noch*
> *nicht regnen lassen, und es gab noch keinen Men-*
> *schen, der den Ackerboden bestellte; aber Grund-*
> *wasser stieg aus der Erde auf und tränkte die ganze*
> *Fläche des Ackerbodens. (Gen 2,4–6)*

Diese Erzählung, die sich auch in ihrem Stil markant
von dem Schöpfungsbericht in Genesis 1 unterscheidet (zum Beispiel wird Gott hier JHWH-Elohim ge-
nannt), setzt ein anderes Milieu voraus: nämlich
trockene Steppe, in der es keinen oder nur sehr wenig
Regen gibt. Das Wasser ist in dieser Region nichts
Gefährliches. Es muss nicht sorgsam eingedämmt
werden, sondern ist hochwillkommen. Welch ein
Glück, dass es wenigstens Quellen und Wasserstellen
gibt („Grundwasser stieg aus der Erde auf")! In diesem Milieu nun schafft Gott den Menschen. In den
beiden Erzählungen wird also jeweils eine völlig verschiedene Sicht der Welt vorausgesetzt. Die Bibel-
wissenschaft hat längst erkannt: Beide Texte stammen
aus verschiedenen Zeiten und von verschiedenen
Autoren.

Nun haben aber die Redaktoren der Genesis beide Schöpfungserzählungen aneinandergereiht und miteinander verfugt. Sie wussten durchaus, dass sie dabei mit unterschiedlichem Erzählmaterial arbeiteten. Wir würden heute sagen: Sie haben mit differierenden Weltentstehungs-Theorien gearbeitet. Aber gerade diese Freiheit im Umgang mit je verschiedenem Erfahrungsmaterial zeigt: Sie wollten gar nicht in erster Linie biologische oder kosmologische Theorien vertreten. Sie wollten vielmehr theologisch herausarbeiten, dass Gott alles erschaffen hatte. Natürlich taten sie das mit den Mitteln ihrer Zeit.

Weil das so ist, nehmen Fundamentalisten, die mit Genesis 1 und 2 kosmologisch oder biologisch argumentieren, den biblischen Text gerade nicht wörtlich. Sie lesen die Bibel schon im Grundansatz falsch. Sie lesen sie gegen ihre Aussage-Intention. Die Bibel kann deshalb nicht gegen die Evolution ins Feld geführt werden. Übrigens kann sie das auch deshalb nicht, weil die große Schöpfungserzählung in Genesis 1 wenigstens an *einer* Stelle selber ein Stück weit evolutiv denkt. Die Pflanzen und die Tiere werden nämlich von Gott nicht direkt, mit eigener Hand, geschaffen, sondern die „Erde" bringt sie hervor:

Dann sprach Gott: „Die Erde lasse junges Grün wachsen, alle Arten von Pflanzen, die Samen tragen, und von Bäumen, die auf der Erde Früchte bringen mit ihrem Samen darin." Und so geschah es. Die Erde brachte junges Grün hervor.
(Gen 1,11–12)

Genauso bei den Tieren. Da spricht Gott:

> *„Die Erde bringe alle Arten von lebendigen Wesen*
> *hervor, von Vieh, von Kriechtieren und von Tieren*
> *des Feldes." Und so geschah es. Gott machte alle*
> *Arten von Tieren des Feldes, alle Arten von Vieh*
> *und alle Arten von Kriechtieren auf dem Erdboden.*
> *(Gen 1,24–25)*

Gott schafft also die Pflanzen und die Tiere nicht unmittelbar. Die *Erde* lässt sie aus sich heraus entstehen.
Und doch hat Gott die Pflanzen und die Tiere „gemacht". Bei den Tieren wird das ausdrücklich festgestellt. Es ist aber auch schon dadurch ausgedrückt,
dass *Gott* ja der Erde den Befehl gibt, Pflanzen und
Tiere entstehen zu lassen. Die Vorstellung mythischer
Urzeugungen, wie sie außerbiblischen Schöpfungsbe-
richten eigen war (der Himmel kopuliert mit der
Erde), ist damit beiseitegeschoben. Und doch wird
das, was an dieser Vorstellung richtig war, ernstge-
nommen: nämlich der Eigenstand und die Formkraft
der Materie.

Hat der Erzähler von Genesis 1 schon geahnt, dass
die Formen des Lebens nicht unmittelbar von Gott geschaffen sein müssen, sondern dass Gott in seine
Schöpfung die Kraft gelegt hat, Leben zu entwickeln
und hervorzubringen? Wir wissen es nicht mit Sicherheit. Aber eines wissen wir: Dass die christlichen Fundamentalisten von der Bibel nichts wissen!

*

Eine sachgerechte Bibelauslegung hat also mit der Evolutionstheorie nicht die geringsten Schwierigkeiten – solange diese ihre Grenzen nicht überschreitet. Konkret: Wenn Biologen von „sich selbst organisierender Natur" reden oder vom „Experimentieren der Evolution" oder der „Kreativität der Evolution", so ist solche Redeweise theologisch durchaus akzeptabel. Sie muss – in sich gesehen – nicht ausschließen, dass diese Natur Schöpfung Gottes ist.

Gott hat die Welt so geschaffen, dass sie sich hochentwickeln soll zu immer höherem Selbstand – und zwar als „Natur", das heißt, als das Aus-sich-selbst-Herauswachsende. Die Hominisation, die Menschwerdung des Menschen, ist dann ganz das Werk Gottes und ganz das Werk der Natur.

Aber diese Natur ist von Gott so geschaffen, dass sie als die Spitze der Evolution den Menschen hervorbringt. Die Geistseele, die den Menschen grundlegend von jedem Tier unterscheidet, ist Geschenk Gottes – und dennoch Geist, auf den die Schöpfung schon immer angelegt und der ihr inne war.

Die Vorstellung bestimmter Theologen, dass Gott an den Schaltstellen der Evolution jeweils als eine Art Lückenbüßer eingreife, ist nicht nur überflüssig. Sie ist theologisch zutiefst fragwürdig. Sie wird der Art des Wirkens Gottes nicht gerecht. Diese Vorstellung versucht einen Mix zwischen Schöpfungsglauben und Evolutionstheorie an der falschen Stelle und macht Gott dabei zu einer innerweltlichen Ursache. Sie zerstört die Radikalität der Schöpfungsaussage.

Gott greift nicht nur gelegentlich, sondern immer und überall ein. Genauer: Er trägt die Welt durchgehend als transzendente Ursache und als alles zu sich heranziehendes Ziel. Deshalb ist die gesamte Evolution von Gott gewollt und betrieben – und doch Selbsthervorbringung der Natur mit ständigem Probieren, mit Versuch und Irrtum, mit Misslingen und Gelingen, mit evolutiven Sackgassen und mit einer im Ganzen irritierenden Nicht-Geradlinigkeit. Das gerade ist die ungeheure Freiheit, in der Gott seine Schöpfung will – und eben darin liegt die Größe des Schöpfers.

*

Damit sollte klar sein: Dass sich der Mensch aus dem Tierreich hochentwickelt hat, schließt Gott als Schöpfer in keiner Weise aus. Die Evolutionstheorie ist alles andere als ein Beweis gegen Gott. Sie muss die Gottesfrage völlig offenlassen. Die Evolution kann dem gläubigen Christen sogar zum Zeichen werden für die Herrlichkeit Gottes und vor allem auch dafür, dass alle Schöpfung ein Ziel hat.

Ist nicht eine Menschenwelt, von der Gott wollte, dass sie sich innerhalb eines gewaltigen Kosmos über unendliche Zwischenstufen zu immer komplexeren Formen herausentwickelte, viel bewundernswerter als ein Menschenpaar, das Gott an einem Tag fix und fertig erschaffen hat – so großartig auch dies *als reines Bild* ist?

Die Fundamentalisten amerikanischer Provenienz haben es nicht gelernt, sich in die Bilder-Sprache der Bibel einzufühlen. Sie können nichts anfangen mit Metaphern und Symbolen, obwohl menschliche Sprache von der Metaphorik lebt.

Leider fehlt aber auch den neuen Atheisten jede Sensibilität für die Sprache der Bibel – und darin gleichen sie in erschreckender Weise den Fundamentalisten. Sie lesen die Bibel als eine Art wissenschaftliche Dokumentation, obwohl sie doch selber bei der Beschreibung unanschaulicher Kosmologie mehr und mehr auf metaphorische Sprache zurückgreifen. Hören wir einem Physiker zu, der auf der Wissenschaftsseite einer großen Tageszeitung über Superstring-Theorien berichtet:

Am Anfang der Welt muss ein kalter und im wesentlichen unendlich großer Raum gestanden haben. Irgendwann bildete sich dann eine Instabilität heraus, die jeden Punkt des Universums veranlasste, sich rasch von jedem anderen Punkt zu entfernen. Dies hatte eine immer stärkere Krümmung des Raums zur Folge, was seinerseits zu einer spektakulären Zunahme von Energiedichte und Temperatur führte. Schließlich blieb nur noch ein millimetergroßer dreidimensionaler Raum übrig. Aus ihm hat sich dann unser heutiges Universum entwickelt, gemäß der Beschreibung des schon fast klassischen Urknall-Modells.

Die physikalischen Theorien, die hinter einer solchen Wissenschafts-Erzählung stehen, kann der Laie kaum noch begreifen. Braucht er auch nicht. Er stellt nur amüsiert fest, dass sich moderne Beschreibungen der Kosmogenese fast schon wieder wie Erzählungen aus den Weltentstehungs-Mythen der alten Völker anhören.

Was kann man daraus lernen? Auch die heutige Physik und Astrophysik muss, wenn sie sich verständlich machen will, in Bildern und Metaphern reden – zum Beispiel vom „Urknall" oder vom „gekrümmten Raum" oder von „dunkler Materie" und „schwarzen Löchern". Die Basis solchen Redens sind absolut unanschauliche mathematische Formeln. Man sollte also die Schöpfungserzählungen der Bibel nicht denunzieren. Auch sie wollen in Bildern Unanschauliches, ja Unfassliches ausdrücken. Dabei haben sie sprachlich eine höhere Qualität als vieles andere. Sie reden in großartiger Metaphorik über eine grundlegende *theologische* Wahrheit, die mit seriöser Naturwissenschaft nirgendwo in Konflikt gerät. Sie reden über den Kosmos als Schöpfung Gottes.

4. Argument:

Das sogenannte Gute erklärt sich leicht aus der Evolution.

Deshalb brauchen wir keinen Gott, um gut zu sein.

Wer die Evolutionstheorie als einen Universal-Büchsenöffner zur Erklärung der gesamten Welt-Wirklichkeit strapaziert, muss selbstverständlich auch das sittlich Gute rein darwinistisch erklären. Genau das tut Richard Dawkins in seinem Buch „Der Gotteswahn".

In dem Kapitel „Die Wurzeln der Moral"[16] macht er sich zunächst einmal über alle lustig, die sich nicht vorstellen könnten, dass man auch ohne Religion und ohne Gott in der Lage sei, Gutes zu tun. Selbstverständlich hätten auch Atheisten ein Gefühl für Anstand, Mitleid, Gerechtigkeit, Moral. Man brauche dazu keinen Gott. Denn das menschliche Gespür für Richtig und Falsch, für Gut und Böse lasse sich vollständig und restlos aus der darwinistischen Vergangenheit des Menschen ableiten.

In der Hierarchie des Lebendigen, so betont Dawkins, überlebt grundsätzlich nur jenes Gen, das „vom Filter der natürlichen Selektion" durchgelassen wird. Es überlebt „auf Kosten" der auf der gleichen Hierarchie-Ebene angesiedelten Rivalen. Natürliche Selektion ist die „Triebkraft der Evolution".

Entsprechend trug ein früheres Buch von Dawkins, durch das er weltweit bekannt wurde, den Titel: „Das egoistische Gen" (1978). Selbstverständlich verstand

Dawkins „egoistisch" hier nicht in einem moralischen Sinn. Er meinte einfach dasjenige Gen, das sich im Wettbewerb mit anderen Genen durchsetzt. Diesen etwas seltsamen Sprachgebrauch aufgreifend (er war wohl eher ein Werbe-Gag für sein Buch), betont er nun erneut, dass einzelne Gene auch den ganzen Organismus (also das ganze Lebewesen) „auf Egoismus programmieren" könnten. In vielen Fällen nütze eben das Überleben des Gesamt-Organismus auch dem Überleben einzelner Gene, die in ihm zu Hause seien.

Unter diesen Voraussetzungen geht Dawkins dann noch ein Stück weiter und spricht – zusammen mit anderen Soziobiologen – von einem „Altruismus" im Tierreich:

Unter manchen – gar nicht einmal so seltenen – Voraussetzungen sorgen die Gene für ihr eigenes, egoistisches Überleben am besten dadurch, dass sie den Organismus zum Altruismus veranlassen[17].

Das grundlegende Beispiel für solchen Altruismus bei Tieren ist nach Dawkins die Sorge für die „Verwandten". Dabei denkt er keineswegs nur an die Pflege des Nachwuchses, wie er uns etwa in der Brutpflege der Vögel lebendig vor Augen steht. Bienen, Wespen, Ameisen, Termiten und in geringerem Ausmaß auch Wirbeltiere wie Nacktmulle, Erdmännchen und Eichelspechte bilden Gesellschaften, in denen man füreinander sorgt. In solchen Gesellschaften werden zum Beispiel die nächsten „Angehörigen" vor Gefahren gewarnt und sogar verteidigt. Auf diese Weise, sagt Dawkins, können sich die jeweiligen Gene am besten durchsetzen. Die „Fürsorge" für die Verwandten fördert die Ausbreitung der eigenen Gene.

Es müssen aber gar nicht immer gemeinsame Gene *innerhalb* einer Art sein, deren Überleben auf diese Weise gesichert wird. Als zweites Beispiel weist Dawkins auf Altruismus zwischen je verschiedenen Arten hin. Diese Art von „Altruismus" funktioniert nach dem Tauschprinzip. Wie etwa der Jäger einen Speer mit eiserner Spitze vom Schmied und umgekehrt der Schmied Fleisch vom Jäger braucht, und dann beide einen Tauschhandel anfangen, so gibt es bereits im Tierreich gegenseitige Dienstleistungen. Die Bienen brauchen Nektar, und die Blüten brauchen Bestäubung.

> *Blüten können nicht fliegen, also bezahlen sie die Bienen in Nektarwährung, damit diese ihre Flügel zur Verfügung stellen. Vögel aus der Gruppe der Honiganzeiger finden Bienennester, können aber nicht in sie eindringen. Honigdachse wiederum brechen in Bienennester ein, doch ihnen fehlen die Flügel, um danach zu suchen. Also dirigiert der Honiganzeiger den Honigdachs (und manchmal auch einen Menschen) mit einem besonders aufreizenden Flug, der keinem anderen Zweck dient, zum Honig. Von diesem Geschäft profitieren beide Seiten[18].*

Das Reich des Lebendigen ist voll von solchen Symbiosen, von solchen „Beziehungen auf Gegenseitig-

keit". Tiere erweisen anderen Tieren „Gefälligkeiten"
in der Erwartung einer entsprechenden Gegenleis-
tung. Besonders bekannt, aber im Tierreich durchaus
nicht singulär, ist die symbiotische Beziehung zwischen dem kleinen Putzerlippfisch *(Labroides dimi-
diatus)* und seinen Kunden. Er „putzt" größeren
Fischen das Maul, indem er ihnen Speise-Reste sowie
Kiemen- und Mundparasiten abfrisst.

Eine dritte Gruppe von Beispielen, die Dawkins an-
führt, geht noch über solche Gegenseitigkeit hinaus.
Wie viele andere Vögel stoßen auch die Graudrosslinge
Schreie aus, um ihre Artgenossen vor sich nähernden
Raubvögeln zu warnen. Außerdem geben sie einander
Futter ab. Aus reiner Fürsorge? Nein! Dominante Ex-
emplare unter den Graudrosslingen sichern sich ihre
Herrschaft gerade dadurch, dass sie untergebene, in der
Rangordnung tieferstehende Genossen füttern. Der
Akt des Fütterns besagt in diesem Fall nichts anders als:
„Sieh nur, wie ich dir überlegen bin – ich kann es mir
leisten, dir etwas zu fressen zu geben." Versucht ein in
der Rangordnung niedrigerer Graudrossling, einem
dominanten Vogel Futter anzubieten, wird er energisch zurückgewiesen. Die höhere Rangordnung wird
also erkauft durch zur Schau gestellte Großzügigkeit.
Ähnlich bei dem Graudrossling, der für die anderen
Wache hält. Er will damit ausdrücken: „Seht nur, wie
haushoch ich euch anderen überlegen bin – ich kann
es mir sogar leisten, auf einem hohen Ast zu sitzen, für
euch den Wächter zu spielen und mich so für die Fal-
ken angreifbar zu machen."

Nun zieht Dawkins von diesen Beispielen aus dem Tierreich eine direkte Linie zur menschlichen Gesellschaft: Viele Jahrtausende lebten die Menschen noch eng und in Horden zusammen, die sich von fremden Horden abgrenzten. In dieser langen Periode gab es viele Gelegenheiten, den aus dem Tierreich übernommenen Verwandtschafts-Altruismus zu pflegen. Und genauso gab es viele Gelegenheiten, Großzügigkeit unübersehbar zur Schau zu stellen. So verschafften sich Einzelne Dominanz in der Horde. Und auf diese Weise sei bei den Frühmenschen eine „genetische Veranlagung zum Altruismus" begünstigt beziehungsweise fortgeführt worden.

Aber wie ist es nun beim modernen Menschen? Er lebt ja im Allgemeinen nicht mehr in Horden, oft nicht einmal mehr eng vernetzt innerhalb des eigenen Clans. Er trifft jeden Tag fremde Menschen, die er nie wieder sehen wird – und ist trotzdem (meistens!) gut und höflich zu ihnen. Mehr noch: Er hört zum Beispiel von Leuten, die durch einen Tsunami alles verloren haben, oder er hört von hungernden Kindern in Afrika – und spendet für sie großzügig und voll Mitleid, obwohl er ihnen vermutlich niemals begegnen wird.

Dawkins behauptet kühn, dass in solchen Fällen die aus dem Tierreich fortbestehende Hilfsbereitschaft noch als *Relikt* funktioniere, als „Nebenprodukt", als Spiegelung von Situationen des Frühmenschen, als „Fehlfunktion" im darwinistischen Sinn. „Fehlfunktion" sei dabei in keiner Weise abwertend gemeint.

Da wir hier nun an der entscheidenden Stelle seiner Begründung des humanen Ethos angekommen sind, sei Dawkins ausführlich zitiert:

> *In alter Zeit, als wir wie Paviane in kleinen, stabilen Gruppen lebten, programmierte die natürliche Selektion in unser Gehirn einen Drang zum Altruismus ein; es war Trieb wie der Sexualtrieb, der Fresstrieb, die Fremdenfeindlichkeit und so weiter. (…)*
>
> *In alter Zeit hatten wir die Gelegenheit zum Altruismus nur gegenüber unseren Verwandten und denen, die es uns potenziell vergelten konnten. Heute existiert diese Einschränkung nicht mehr, aber die Faustregel ist immer noch da. Warum sollte es sie nicht mehr geben? (…) Wenn wir einen unglücklichen Menschen weinen sehen, müssen wir einfach Mitleid empfinden (auch wenn dieser Mensch nicht mit uns verwandt ist und uns unsere Hilfe nicht vergelten kann), ganz ähnlich wie wir uns sexuell zu einem Angehörigen des anderen Geschlechts hingezogen fühlen (auch wenn diese Person vielleicht unfruchtbar oder aus anderen Gründen nicht zur Fortpflanzung in der Lage ist). Beides sind Fehlfunktionen, darwinistische Fehler – segensreiche, kostbare Fehler[19].*

Im Grunde zeigt diese Ableitung des Sittlichen die Einseitigkeit, ja das ganze Elend einer ausschließlich biologischen Betrachtung des Menschen. Selbstverständlich sieht Dawkins vieles richtig. An den von ihm

und seinen Gewährsleuten geschilderten Phänomenen aus dem Tierreich – also an Brutpflege, Sym-
biose, Dominanz durch scheinbare Fürsorglichkeit
und an vielem anderen – braucht in keiner Weise
gerüttelt zu werden. Es ist gar keine Frage, dass solche
Verhaltensweisen bei der langsamen Menschwerdung
des Menschen nicht einfach abbrachen. Im Gegenteil:
Sie halten sich bis heute in vielfältiger Weise durch.
Selbstverständlich helfen wir oft dem Anderen nicht
um seinetwillen, sondern um uns selbst ins rechte
Licht zu rücken. Und selbstverständlich hat die Auf-
zucht eines Kindes mit der Brutpflege im Tierreich
außerordentlich viel gemeinsam.

*

Aber genau hier meldet sich nun auch die erste An-
frage an Richard Dawkins und an alle biologistische
Ethik. Wenn evolutives Denken derart wichtig ist und
(mit Recht!) eine so große Rolle im Verstehen der
Welt spielt – weshalb rechnet Dawkins dann nicht
auch im Bereich des Sittlichen mit einer Entwicklung?
Nämlich mit einer allmählichen Höherentwicklung
und Verfeinerung rein tierischer Verhaltensweisen zu
wahrhaft menschlicher Sittlichkeit? Warum rechnet er
nicht mit einer Sublimierung von überkommenen
Verhaltensweisen, die noch durch reinen Instinkt ge-
steuert waren, zu einem Handeln aus Freiheit und aus
Einsicht in das Gute? Er sollte sich einmal klar-
machen, was zum Beispiel in dem folgenden Jesuswort
an Klarsicht über „darwinistische" Verhaltensweisen

im Menschen steckt – aber zugleich an Wissen, dass solche Verhaltensweisen überwindbar sind:

> *Hütet euch, eure Gerechtigkeit vor den Menschen zur Schau zu stellen; sonst habt ihr keinen Lohn von eurem Vater im Himmel zu erwarten. Wenn du Almosen gibst, lass es also nicht vor dir herposaunen, wie es die Heuchler in den Synagogen und auf den Gassen tun, damit sie von den Leuten gelobt werden. Amen, das sage ich euch: Sie haben ihren Lohn bereits erhalten. Wenn du Almosen gibst, soll deine linke Hand nicht wissen, was deine rechte tut, damit dein Almosen verborgen bleibt. Dein Vater, der ins Verborgene blickt, wird es dir vergelten. (Mt 6,1–4)*

Liest man diesen Text, so denkt man unwillkürlich an die Alpha-Tiere bei den Graudrosslingen, von denen die Biologen berichten. Die Futter abgeben, weil es ihnen um ihre Dominanz geht. Ihr Verhalten steckt uns allen tief in den Knochen – ist aber eben kein unabänderliches Schicksal. Jesus entlarvt (natürlich ohne von Soziobiologie eine Ahnung zu haben) solche egoistisch-darwinistischen Handlungsabläufe als das, was sie sind: als dem Mensch gewordenen Menschen nicht mehr angemessenes Verhalten. Die betreffenden Handlungsabläufe werden von ihm freilich nicht nur entlarvt. Jesus zeigt, wie wahres Geben und Helfen aussehen kann. Das aus der tierischen Natur des Menschen Kommende wird dabei nicht einfach geleugnet oder eliminiert. Es wird verwandelt.

Es ist ein altes theologisches Axiom, dass die Gnade die Natur voraussetzt und sie vollendet. Beim sittlichen Handeln – das heißt bei einem Handeln aus Freiheit und Bestimmtsein vom Guten – kann es nicht anders sein. Auch das sittliche Handeln setzt die biologische Natur des Menschen voraus. Es zerstört sie nicht, sondern vollendet sie. Wahrhaft *sittliches* Handeln kann gar nicht im luftleeren Raum schweben, sondern basiert auf der biologischen Natur des Menschen.

Die Humanität ist nicht vom Himmel gefallen, sondern in einer unendlich langen Geschichte unter schweren Opfern erarbeitet worden. Dabei hat eine Vertiefung und Vergeistigung von sozialen Verhaltensweisen stattgefunden, die schon im Tierreich bei allen gesellig lebenden Arten in ihrer Triebausstattung zu beobachten sind, etwa in Gestalt von Brutpflege, Fürsorglichkeit, Solidarität und Kooperation. All diese Verhaltensweisen, die rudimentär oder auch stärker ausgebildet bereits bei unseren tierischen Vorfahren anzutreffen sind, wurden in dem langen Prozess der Menschwerdung weiter gepflegt, weiter kultiviert, weiter vermenschlicht und dabei geläutert.

Die Grundphänomene, die Dawkins voraussetzt, mögen alle richtig sein. Aber er übersieht das Entscheidende: Dass nämlich tierische Verhaltensweisen auf eine höhere Stufe der Freiheit und Geistigkeit transformiert werden können. Im Grunde gilt auch hier, was wir im Zusammenhang mit Vincent van Gogh gesagt haben: Man kann seine Gemälde mit rein naturwissenschaftlichen Methoden analysieren. Man kommt dann auf einer bestimmten Ebene zu durchaus richtigen Ergebnissen. Aber das Wesentliche an dem, was Van Gogh geschaffen hat, ist damit in keiner Weise erreicht. Die Sinndimension seiner Bilder *basiert* zwar auf der physischen Substanz seiner Pinselstriche und auf der chemischen Substanz seiner Farbpigmente, errichtet aber mithilfe dieser materiellen Substrate etwas Eigenes, Neues, das rein naturwissenschaftlich niemals einzuholen ist.

*

Man sieht übrigens in dem zuletzt zitierten Text von Richard Dawkins sehr deutlich, wie er selber seine biologistische Ableitung des menschlichen Ethos übersteigt und übersteigen muss, wenn er für den Leser glaubwürdig sein will. Er sagt ja unmittelbar, nachdem er das Mitleid und eine menschlich geprägte Sexualität als darwinistische „Fehlfunktionen" bezeichnet hat:

Beides sind Fehlfunktionen, darwinistische Fehler – segensreiche, kostbare Fehler.

Richtig! Was beim Tier in einen von Instinkten gesteuerten Lebenszusammenhang eingebunden war, gerät beim Menschen auf eine neue Ebene, wird auf diese Weise – darwinistisch betrachtet – zu einer „Fehlfunktion", wird aber gerade so wahrhaft menschlich und insofern segensreich und kostbar. Mit den Begriffen „segensreich" und „kostbar" verrät uns Dawkins, ohne es zu wollen, dass hier aus dem Alten, Überkommenen, zunächst noch Tierischen, etwas Neues entstanden ist. Etwas, das eben spezifisch menschlich ist.

Sittlichkeit kommt aus der Freiheit und übersteigt damit alles nur instinktgesteuerte Verhalten. Die Liebe zwischen zwei Menschen würde von den beiden gerade nicht als wahrhaft *menschliche* Liebe erfahren, wenn sie einzig und allein das Produkt von Hormonen und tierischen Verhaltensmustern wäre. Erst dass Liebe völlig ungeschuldet in Freiheit geschenkt wird, macht ihren Geschmack und ihre Kostbarkeit aus.

Sittlichkeit kommt weiterhin aus der Übereinstimmung mit dem Guten. Das Gute aber ist mehr als das, was uns nützt. Anderen Gutes zu tun ist mehr als gegenseitiger Tauschhandel. Dawkins selbst verhöhnt die Gläubigen, die das Gute nur täten, weil sie dafür einmal im Himmel belohnt würden:

> *„Wollen Sie mir wirklich sagen, dass Sie sich nur deshalb bemühen, ein guter Mensch zu sein, weil Sie Gottes Zustimmung und Lohn erringen oder seine Ablehnung und Bestrafung vermeiden wollen? Das ist doch keine Moral, sondern nur Opportunismus, Einschleimerei und der verstohlene Blick zur großen Überwachungskamera im Himmel oder zur kleinen Abhörwanze in Ihrem Kopf, die jede Ihrer Bewegungen und sogar Ihre intimsten Gedanken aufzeichnet.“ Oder, wie Einstein sagte: „Wenn die Menschen nur deshalb gut sind, weil sie sich vor Strafe fürchten und auf Belohnung hoffen, sind wir wirklich ein armseliger Haufen.“*[20]

Lassen wir an dieser Stelle einmal offen, ob der Glaube an das Jüngste Gericht, in dem alle Geschichte der Welt geklärt und damit ins Licht gebracht wird und bei dem die unzähligen namenlosen Opfer der Geschichte zu ihrem Recht kommen – lassen wir einmal offen, ob dieser Glaube wirklich so absurd ist, wie Dawkins wähnt. Wahrscheinlich hätte Hitler seine Verbrechen an Millionen von Unschuldigen nicht begangen, wenn er daran geglaubt hätte, dass er einmal vor dem Richterstuhl Gottes stehen würde.

Doch hier geht es jetzt um etwas anderes. Richard Dawkins hat sich mit seiner Eskapade gegen den Glauben an eine himmlische Belohnung erneut in einen eklatanten Selbstwiderspruch verwickelt. Er verficht mit seiner Verhöhnung des Lohngedankens nun nämlich genau das, was er vorher abgelehnt hat: die in sich stehende Würde des Guten. Wenn man das Gute nicht um der Belohnung willen tun soll, dann steht es jenseits aller reinen Nützlichkeit und jenseits aller rein darwinistischen Zweckmäßigkeit.

*

Das Gute ist tatsächlich eine eigene Kategorie des Daseins, die – wie das Schöne – nicht mehr ableitbar ist. Ableitbar ist das Gute nur von der verschwenderischen Güte Gottes, der seine Schöpfung gut geschaffen hat, und als Abglanz seines Wesens. Der auf die Wahrheit ausgerichtete Mensch hat ein unmittelbares Gespür für das Gute. Er weiß, dass es mehr ist

als das rein Nützliche, das Zweckmäßige, das Vorteil-
hafte und das sich Lohnende. Wenn Jesus sagt:

Wenn dich einer auf die rechte Wange schlägt, dann
halt ihm auch noch die andere hin (Mt 5,39),

so mögen dabei rudimentär auch noch Nützlichkeits-
elemente und sogar tierisch-evolutive Elemente mit-
schwingen: Der Gegner erschrickt vor der reinen
Wehrlosigkeit. Er kann nicht mehr zuschlagen, so wie
der Wolf nicht mehr zubeißen kann, wenn der im
Kampf unterlegene Rivale ihm seinen Hals hinhält.

Aber jeder weiß, dass es bei Menschen (im Gegensatz zu den Wölfen) leider nicht immer so ist. In vielen Fällen schlägt der Gegner, wenn man ihm die andere Wange hinhält, erst recht zu. Wir leben nicht
mehr in einem von Instinkten gesteuerten Wolfsrudel,
wo „Brutalität" kanalisiert ist. Wir leben in einer
menschlichen Gesellschaft, in der man oft tierischer
als jedes Tier ist – in der es aber auch Sittlichkeit gibt,
die alles Wölfische weit hinter sich gelassen hat.

Jesus richtet in seiner Bergpredigt endgültig diese
ganz andere Art von Sittlichkeit auf, der gemäß Menschen gut sind, weil Gott gut ist und weil derjenige,
der uns gegenübersteht, ein Geschöpf Gottes ist.
Wenn Jesus vom Reich Gottes spricht, will er gerade
sagen, dass dieses Neue im Verhalten der Menschen
jetzt mit Macht kommt: durch ihn selbst und durch
die, die ihm nachfolgen, und durch alle, die von der
Bergpredigt fasziniert sind.

*

Damit sind wir bei einem letzten Aspekt wahrer Sittlichkeit. Sie erfließt nicht nur aus der Freiheit, sie kommt nicht nur aus dem unableitbar Guten, sondern sie kommt auch aus der Geschichte. Wir hatten das alte theologische Axiom zitiert: Die Gnade (in unserem Fall: die Sittlichkeit) setzt die Natur voraus. Das scholastische Axiom lässt sich noch erweitern: Die aus der Gnade lebende wahre Sittlichkeit setzt nicht nur die Natur, sondern auch die Geschichte voraus.

Das heißt: Die Sittlichkeit, das Wissen um das Gute, war nicht eines Tages einfach da. Sie war es so wenig, wie der *homo sapiens* eines Tages einfach da war. Sittlichkeit setzt eine lange Geschichte voraus. Sie ist in Jahrtausenden gewachsen, als Frucht einer immer tieferen Vergeistigung des Menschen und einer immer größeren Erringung von Freiheit. Auf ihrem Weg liegen die großen Hochkulturen: Ägypten, Assur, Babylon, Griechenland, Rom. Auf ihrem Weg liegt aber vor allem die Geschichte Israels: die Zehn Gebote, das alttestamentliche Gebot der Nächstenliebe (Lev 19,18), ja bereits das Gebot der Feindesliebe (Ex 23,4–5). Die Vollendung dieses langen Weges ist die Bergpredigt Jesu (Mt 5–7).

Von diesen geschichtlichen Wegen, auf denen das dem Menschen angemessene Ethos gefunden, formuliert und stets weiter vertieft wurde, lebt heute jede Humanität. Parallel zu der immer klareren Erkenntnis des Sittlichen sind aber auch die Möglichkeiten des Bösen gewachsen. Die Gesellschaft kann zurückfallen von der Humanität in die Bestialität. Das 20. Jahrhundert war ein Jahrhundert der Barbarei und der Menschenverachtung ohnegleichen.

Vielleicht wird man sogar sagen müssen: Je klarer sich die Konturen wahrer Humanität in der Geschichte abzeichnen, desto Schrecklicheres geschieht, wenn ganze Kulturen das bereits Erkannte verachten und zurückfallen in ein Stadium, das dem Menschen nicht mehr angemessen ist. Dann geschieht wirklich das, was Mephisto in Goethes „Faust" über den Menschen und seine Vernunft formuliert:

Er nennts Vernunft und brauchts allein,
um tierischer als jedes Tier zu sein.

Nachdem es einmal die Vernunft des Jüdisch-Christlichen in unserer Welt gibt, hat das Sich-dieser-Vernunft-Verweigern umso furchtbarere Konsequenzen. Im Gebirge in einer Steilwand abzustürzen hat schlimmere Folgen, als in der Ebene zu stolpern.

*

Abschließend: Dawkins hatte sich gleich zu Beginn seines Kapitels über die Wurzeln der Moral über all diejenigen lustig gemacht, die sich nicht vorstellen können, dass man auch ohne Religion und ohne Gott Gutes tun könne. Und er hatte betont, dass selbstverständlich auch die Atheisten ein Gefühl für Anstand, Mitleid, Großzügigkeit, Einfühlungsvermögen und Moral hätten. Selbstverständlich hat er damit recht. Ein Christ hat nicht das geringste Interesse daran,

Atheisten als Schurken zu betrachten. Sie sind so wenig Schurken wie alle Christen Heilige sind.

Die Frage ist allerdings, ob es dieses Gefühl für Anstand und Moralität auch bei Atheisten überhaupt geben könnte, wenn die lange Geschichte des Kampfes um das Gute nicht vorausgegangen, wenn es Mose und Jesus und die großen Heiligen der Kirche nicht gegeben hätte. Dawkins tut so, als sei er ein hochqualifizierter Affe, der gerade erst von den Bäumen heruntergestiegen ist. Er hat offenbar völlig verdrängt, dass er aus einer langen Geschichte kommt. Er lebt von viel mehr geschichtlichen Voraussetzungen, als er ahnt. Er würde – um Heinrich Böll zu variieren – vom Atheisten zum Adventisten werden, wenn es in der Welt nichts anderes als den biologischen Altruismus gäbe, wie er ihn schildert.

Es ist erquickend, dass Dawkins, ohne es zu merken, am Ende seine eigenen Ergebnisse in den Wind schlägt und von den segensreichen, den kostbaren Fehlleistungen der Evolution spricht. Fehlleistungen? Nein, es sind neue Wegstrecken der Evolution, die genau das zum Ziel hatten, worauf Gott die Evolution zusteuern ließ – nämlich auf Jesus hin und zu seinem Ethos der Gottesherrschaft.

5. Argument:

In der Welt gibt es unendliches Leid.

*Das macht jeden Gottesglauben
zu einer Lächerlichkeit.*

Charles Darwin (1809–1882), der Begründer der heutigen Evolutionslehre, schrieb in einem Brief, der später berühmt wurde:

> *Ich kann mich nicht davon überzeugen, dass ein gütiger, allmächtiger Gott planvoll die Ichneumonidae erschaffen hat, wobei seine Absicht ausdrücklich darin bestanden hätte, dass diese sich durch den Körper von lebenden Raupen hindurchfressen.*

Die *Ichneumonidae,* von denen Darwin hier spricht, sind Schlupfwespen, unter denen es bestimmte Arten gibt, die Raupen anstechen und dann ihre Eier in den lebenden Raupen ablegen. Aus den Eiern kriechen Larven, die sofort anfangen zu fressen. Die Raupe ist ihre lebende Speisekammer. Das ist ziemlich eklig, und Darwin konnte sich nicht vorstellen, dass sich ein gütiger Gott solch widerliche Dinge ausgedacht haben soll. Deshalb zweifelte er immer mehr an Gott.

Man könnte dem Phänomen, das Darwin so abstieß, noch unendlich viel anderes hinzufügen: Das schreckliche Krachen der Knochen, wenn ein Löwe bei einer jungen Antilope zubeißt. Der nächtliche Todesschrei von Enten, wenn der Fuchs sie am Seeufer überrascht hat. Die Tatsache, dass zahllose Arten – man denke nur

an die lange Epoche der Dinosaurier – einfach unter-
gegangen sind. Damit sind wir schon bei den nicht ab-
reißenden Naturkatastrophen, bei Vulkanausbrüchen,
Erdbeben, tropischen Wirbelstürmen, Überschwemmungen oder – im Gegensatz dazu – Dürreperioden,
in denen ganze Landstriche austrocknen. Dann das
vielfältige Leid in der Menschenwelt, die wuchernden
Krebszellen, die multiple Sklerose, die schleichende
Demenz, die zahllosen bis jetzt unheilbaren Krankheiten, die Menschen langsam dahinsiechen lassen – und
dann am Ende für alle: der Tod. Die folgende Schilderung stammt von einem Verhaltensforscher, von dem
wir annehmen dürfen, dass er genau beobachtet hat[21]:

*Was Ratten tun, wenn ein Glied einer fremden
Rattensippe in ihr Revier gerät, gehört zu den er-
regendsten, schauerlichsten und widerlichsten
Dingen, die man an Tieren beobachten kann.
Die fremde Ratte kann minutenlang und länger
umherlaufen, ohne das schreckliche Schicksal zu
ahnen, das ihrer harrt, und ebenso lange können
die Einheimischen mit ihren gewohnten Tätig-
keiten fortfahren – bis schließlich der Fremdling
einer von ihnen nahe genug kommt, dass diese
Witterung von ihm erhält.*

*Da zuckt es wie ein elektrischer Schlag durch dieses
Tier und im Nu ist die ganze Kolonie durch einen
Vorgang der Stimmungsübertragung alarmiert, der
bei der Wanderratte nur mit Ausdrucksbewegun-
gen, bei der Hausratte aber durch einen scharf gel-*

lenden, satanisch hohen Schrei vermittelt wird, in den alle Sippenmitglieder, die ihn hören, mit einstimmen. Mit vor Erregung aus dem Schädel quellenden Augen und gesträubten Haaren begeben sich die Ratten auf Rattenjagd. Offensichtlich kennen sich die Mitglieder einer Rattensippe nicht persönlich, wie es etwa Dohlen, Gänse oder Affen tun, sondern am Sippengeruch.

Das Los der sippenfremden Ratte ist wahrhaft schrecklich. Das Beste, was ihr noch passieren kann, ist, dass sie in maßlosem Schrecken von einem Schocktod ereilt wird. Andernfalls wird sie langsam von den Artgenossen zerfleischt. Selten nur meint man einem Tier Verzweiflung und panische Angst und gleichzeitig ein Wissen um die Unentrinnbarkeit eines gräßlichen Todes so deutlich anzusehen, wie einer fremden Ratte, die im Begriffe ist, von Ratten hingerichtet zu werden: sie wehrt sich gar nicht mehr.

Selbst wenn man die vermenschlichende Sprache aus dieser Schilderung streicht – das Geschehen ist schrecklich genug. Spricht das alles nicht gegen einen gütigen und barmherzigen Gott? Wie kann er hinter einer Schöpfung stehen, in der Ekelhaftes, Widerliches, ja absolut Bösartiges geschieht und der Tod überall lauert?

Nun ist das natürlich ein bücherfüllendes Thema. In unserem Zusammenhang kann nur eine sehr knappe Antwort versucht werden.

Zunächst: Wir brauchen vor dem biologisch Widerlichen nicht die Augen zu verschließen. Denn all das gehört zu unserer Welt: das Werden und das Vergehen, Geburt und Tod, das Fressen und das Gefressenwerden. Jede Sekunde, in der wir leben, spielt sich in der Mikrowelt unseres Leibes eine unerbittliche Schlacht ab. Unseren Leib attackieren ständig körperfremde Krankheitserreger, die sich in uns ausbreiten wollen: Viren, Bakterien, Pilze. Unser Immunsystem muss mit dieser unablässige Invasion von Mikroorganismen fertig werden. Deshalb führt es Polizeitruppen ins Gefecht, zum Beispiel T-Lymphozyten. Zwischen den Krankheitserregern in unserem Körper und der entsprechenden molekularen Ordnungspolizei tobt ein erbarmungsloser Kampf. Da wird gekillt und gefressen. Wenn es diesen andauernden Kampf in uns nicht gäbe, wäre es mit unserem Leben schnell zu Ende.

Auch in unserer Mundhöhle finden nicht abreißende Gefechte statt. Wer in dem Glauben lebt, sein Mund sei nach dem Zähneputzen keimfrei, täuscht sich gewaltig. Über 200 Mikrobenarten bevölkern ständig den schleimigen Raum zwischen unseren Lippen und unserem Gaumen. Davon ist wahrscheinlich nur der kleinere Teil schädlich. Der größere Teil unserer Mundflora fördert die Gesundheit des Zahnfleischs und der Zähne. Also auch hier: hemmungslose Fressgier, rücksichtsloser Kampf und ununterbrochener Totschlag auf mikrobiologischer Ebene. Wenn dieser nie endende Krieg nicht statt-

fände, würden uns vermutlich schnell die Zähne aus-
fallen.

Das alles gehört einfach zur Evolution. Es gehört
zum Leben. Dass wir überhaupt leben, dass wir atmen
können, dass uns die richtige Atmosphäre umgibt,
dass es auf unserem Planeten die Luft und das Leben
erhaltende Wasser gibt – das alles ist ein unglaublicher
Balance-Akt des Kosmos. Wir sollten also über diese
ständige Gefährdung, über dieses Mitten-im-Tod-
Existieren nicht erschrecken. Es gehört zum Wunder
des Lebens. Ohne ständiges Sterben der Organismen
gäbe es keine Evolution. Denn die Evolution setzt ja
unablässige Reproduktion voraus. Und Reproduktion
ist nur möglich, wenn immer wieder eine Generation
der anderen den Platz räumt. Man könnte geradezu
die Formel aufstellen: Ohne Sterben keine Generationenfolge – ohne Generationenfolge keine Evolution –
ohne Evolution (die „kulturelle" Evolution einge-
schlossen) keine Geschichte – ohne Geschichte keine
Freiheit – ohne Freiheit keine Liebe.

*

Nun kommt allerdings noch etwas Entscheidendes
hinzu. Wir leben ja gar nicht einfachhin in einer Welt,
wie sie dem Schöpfungswillen Gottes entspricht. Wir
leben in einer Welt, die durch eine lange Schuldgeschichte geprägt ist. Sie ist geprägt durch eine er-
schreckende Abfolge menschlicher Verweigerungen.
Sie ist geprägt durch eine Geschichte, in der sich Altlasten menschlicher Schuld angehäuft haben.

Nicht die Natur selbst ist böse oder widerlich oder ekelerregend – aber sie kommt uns oft so vor. Teilweise, weil noch massive Abwehr-Reaktionen aus unserer tierischen Vergangenheit in uns stecken, die uns vor Gefährlichem warnen. Deshalb zum Beispiel der Ekel vor allem Schleimigen.

Aber es kommt eben noch hinzu, dass wir alle von einer Geschichte umgeben sind, die keineswegs mehr unschuldig ist. Eigentlich sollte die ganze Welt Spiegel der Herrlichkeit Gottes sein, aber sie ist es längst nicht mehr: die Schuldpotentiale der Geschichte haben unsere Augen getrübt und verschleiert.

Oft können wir gar nicht mehr wahrnehmen, was Schöpfung eigentlich ist. Die sogenannten „Übel" wie Naturkatastrophen, Krankheit und Tod gehören zur Welt, zu ihrer Endlichkeit und Geschichtlichkeit. Durch die menschliche Schuldgeschichte und ihre Altlasten haben diese „Übel" aber ihre Qualität verändert. Wir begreifen sie nicht mehr unmittelbar im Horizont einer von Gott her gegebenen Sinn-Dimension. So sehen wir etwa den Tod nicht als Übergang zu Gott, sondern als erschreckenden und tragischen Abbruch unseres Lebens.

Sehr oft werden die Übel der Welt von uns auch gar nicht verhindert, obwohl sie verhindert werden könnten. Viel menschliches Elend brauchte es ja gar nicht zu geben, und sogar viele Naturkatastrophen brauchten niemanden umzubringen, wenn die Menschen solidarisch zusammenarbeiteten. Man denke etwa an die Hungerkatastrophen in vielen Regionen der Erde;

an die Ströme von Flüchtlingen, die aus ihrer Heimat vertrieben werden; an die Kriege mit ihrem unendlichen Leid; an Krankheiten und Epidemien in Ländern der Dritten Welt, die nicht bekämpft werden, weil die Pharma-Industrie dort nichts verdienen kann oder weil vor Ort zynische Diktatoren wirksame Hilfe verhindern.

Kurz gesagt: Das Leid und das Elend in der Welt darf nicht Gott angelastet werden. Entweder fügen wir Menschen uns dieses Leid selbst zu. Oder aber es entsteht daraus, dass wir die Ordnung und die Schönheit der Welt nicht mehr wahrnehmen können, weil unsere Augen durch die Schuldpotentiale der Geschichte getrübt sind.

*

Innerhalb der Frage nach dem Leid in der Welt bietet nun freilich die Schoah allen theologischen Erklärungsversuchen sperrigen Widerstand. Der Mord an sechs Millionen Juden bleibt ein unfassliches Geschehen, fast ein Geschehen neuer Art, vor dem die Theologie am liebsten verstummen möchte. An Auschwitz und all den anderen Todeslagern entzündet sich die Frage nach dem Leid in der Welt gleichsam noch einmal neu – und nun mit letzter Radikalität: Wie kann Gott das endlose Leid der Geschichte und vor allem das seinem eigenen Volk zugefügte Leid zulassen? Ist mit Auschwitz die Gottesfrage nicht eben doch erledigt? Hätte Gott – wenn es ihn gibt – nicht das Schicksal der wehrlosen Kinder, Frauen und Greise, die in die Gaskammern getrieben wurden, das Herz zerreißen müssen?

Alles Folgende kann nur mit dem Vorbehalt gesagt werden, dass wir angesichts solcher Geschehnisse zunächst tatsächlich einmal verstummen müssten und dass dann, nach diesem Verstummen, *vor aller theologischen Rede* die biblische Gebetsgattung der Klage angebracht wäre – wie sie etwa in der ersten Hälfte von Psalm 22 hervorbricht:

> *Mein Gott, mein Gott, warum hast du mich verlassen, bist fern meinem Schreien, den Worten meiner Klage? Mein Gott, ich rufe bei Tag, doch du schweigst; ich rufe bei Nacht und finde doch keine Ruhe. (…)*
> *Viele Hunde umlagern mich, eine Rotte von Bösen umkreist mich. Sie durchbohren mir Hände und Füße. Man kann all meine Knochen zählen. Sie gaffen und weiden sich an mir. Sie verteilen unter sich meine Kleider und werfen das Los um mein Gewand. (Ps 22, 2–3.17–19)*

Wer ist das Ich, das hier redet? Als moderner Mensch denkt man da natürlich an einen Einzelnen, an eine individuelle Person, die in tiefer Not ist. Das ist auch nicht falsch. Aber die eigentliche Tiefendimension der Psalmen ist damit noch gar nicht erreicht. Denn das „Ich" der Psalmen und der Klagelieder des Alten Testamentes ist fast immer das „Wir" Israels. Ganz Israel klagt hier vor Gott. Es klagt über die Schrecken seiner Geschichte. Es klagt über das Leid, das ihm die

Völker zufügen. Psalm 22 ist zunächst einmal reine Klage, und diese Klage braucht Raum – bevor sich dann der Psalm voll Vertrauen und Hoffnung Gott zuwendet.

Entsprechend braucht es auch den Raum der Klage, wenn wir Heutigen auf das Leid der Welt schauen. Bevor nicht die Klage ihren Ort bei uns hatte, sollten wir über die Frage nach Gott und dem Leid nicht nachdenken. (Das gilt in einem gewissen Sinn sogar für den modernen Heiden, der sich darüber entsetzt, dass die Welt ein Schlachthaus ist.) Denn ohne die erschrockene und bekümmerte Klage wird alles Nachdenken über das Leid zu bloßem Räsonieren. Indem die Klage sich unablässig erinnert, hält sie aus bei dem, was geschehen ist und erleidet es immer wieder von neuem mit. Allerdings bleibt Psalm 22 nicht bei der Klage stehen. Sie verwandelt sich in Bitte:

Du aber, Herr, halte dich nicht fern! Du, meine Stärke, eil mir zu Hilfe! Entreiß mein Leben dem Schwert, mein einziges Gut aus der Gewalt der Hunde! Rette mich aus dem Rachen des Löwen, vor den Hörnern der Büffel! (Ps 22,20–22)

Am Ende des Psalms hat Gott dann eingegriffen. Er hat den um Hilfe Schreienden errettet. Dieser feiert nun mit seinen Verwandten und Freunden ein festliches Mahl, bei dem er seine Rettungsgeschichte erzählt.

*

Aber auf welche Weise rettete Gott denn damals in Israel? Und auf welche Weise rettet er heute? Wie entriss er die nach Babylon Deportierten und die hungernd im Land Zurückgebliebenen ihrem Elend? Und wie entriss er die Juden, die zusammengetrieben, in Güterwagen gepresst, in den Osten gefahren, dort selektiert und in todbringende Arbeit oder ins tödliche Gas geschickt wurden, ihrer Not?

Dadurch, dass er von oben her eingriff? Dass er ein Wunder tat? Etwa in Form eines Erdbebens, das die SS erschreckte und zur Umkehr bewegte? Durch eine Seuche, die alle Nazis dahinraffte? Indem er Hitler, Himmler, Eichmann und Konsorten plötzlich sterben ließ?

Bis heute hat es in der Geschichte nichts dergleichen gegeben. Wenn es wirklich einmal geschah, dass Böse dahingerafft wurden, dann springen uns sofort die Gegenbeispiele in die Augen: Auch Gute wurden und werden dahingerafft. Also ist auch für die Zukunft mit keiner Rettungs-Magie dieser Art zu rechnen.

In Auschwitz fiel eben kein Feuer vom Himmel, das die SS-Mannschaften tötete. Aber wie handelt dann Gott? Die gesamte Bibel setzt doch voraus, dass er hilft, dass er rettet, dass er eingreift.

Die Antwort kann nur lauten. Gott handelt durch Menschen. Durch Menschen, die an ihn glauben, die von seinem Geist ergriffen sind und vor Diktatoren keine Angst mehr haben, weil sie von dem Schriftwort leben:

Man muss Gott mehr gehorchen als den Menschen.
(Apg 5,29)

Auf diese Weise hat Gott auch tatsächlich gehandelt. Es waren ja nicht wenige, die Juden unter Lebensgefahr versteckt haben. Oder die ihnen zur Flucht verholfen haben. Oder die auf der Kanzel über das 5. Gebot in einer Form gepredigt haben, dass jeder wusste, was gemeint war. Der Berliner Dompropst Bernhard Lichtenberg betete öffentlich für die Juden, wurde dafür verhaftet, misshandelt und starb auf dem Transport in das KZ Dachau. Und in Dachau selbst litten viele Priester, die wegen ihrer Predigten der Gestapo aufgefallen waren.

Leider waren es zu wenige, die auf diese Weise Gott handeln ließen. Gott handelt zwar durch Menschen, gewiss. Aber er handelt vor allem durch das Volk, das er sich geschaffen hat. Der Sinn des Gottesvolkes besteht einzig und allein darin, dass Gott in der Welt ein Volk hat, das für andere ein Segen ist, das Gewalt durch Gewaltlosigkeit überwindet, das den Armen zur Seite steht. Durch dieses Volk vor allem will Gott rettend handeln. Es ist sein Werkzeug für die Welt.

Das heißt nun aber: Die Christen in Deutschland insgesamt hätten nicht dulden dürfen, dass ihre jüdischen Schwestern und Brüder mit einem Judenstern ausgegrenzt wurden, dass sie gesellschaftlich geächtet und immer mehr Erpressungen ausgesetzt wurden. Die christlichen Gemeinden in Deutschland hätten spätestens dann, als die Scheiben der jüdischen Geschäfte von der SA zerschlagen wurden, auf die Straße gehen und sich mit den Juden solidarisch erklären müssen. Hitler wäre ohnmächtig gewesen.

Es ist nicht geschehen. Eine jahrhundertelange Geschichte des christlichen Antijudaismus und eines falschen Respekts vor der Staatsmacht hatte denen, auf die es angekommen wäre, die Augen blind gemacht und die Hirne vernebelt. Hat also Gott nicht gehandelt? Nein, die Christen in Deutschland haben in ihrer Mehrheit nicht gehandelt. Hat Gott geschwiegen? Nein, die Christen haben geschwiegen. Hat Gott beiseite geschaut? Nein, wir selber hatten den Blick abgewandt. Solche Rede mag vielen Frommen noch immer fremd erscheinen, extrem, einseitig, wenig kirchlich, allzu sehr abweichend von dem üblichen religiösen Jargon.

Und doch entscheidet sich an solch ärgerlicher Rede, ob wir unsere falschen Gottesbilder und das ständige Unheil, das sie in der Welt anrichten, endlich verabschieden. Gott ist kein Lückenbüßer. Er greift nicht gelegentlich in das Gefüge der Welt ein – dann, wenn es ihm gefällt. In Auschwitz hätte er dann beschlossen, nicht einzugreifen. Da hätte es ihm nicht gefallen. Wer so redet, redet gotteslästerlich.

Gott handelt ständig. Er schenkt unablässig seinen Geist, damit die Christenheit aufwacht und ihre Aufgabe wahrnimmt. Er will durch uns in der Welt handeln. Es hängt alles davon ab, ob wir auf Gott hören oder lieber die Ohren verschließen und wegschauen. Damit wird die immense Verantwortung deutlich, die

Eigenständigkeit und die Freiheit, die Gott dem Menschen einräumt. Letztlich endet die gesamte Frage, die uns hier beschäftigt hat, bei der Ungeheuerlichkeit der menschlichen Freiheit und Verantwortung.

*

Es gibt wohl keinen denkenden Christen, der sich nicht schon die Frage gestellt hätte: Warum hat Gott nicht eine ganz andere Welt geschaffen? Eine Welt, in der es keine Evolution gibt, keine Entwicklung auf ihn hin, kein Fortschreiten auf ein letztes Ziel, sondern nur Schöpfung, die von Anfang an und schon immer an ihrem Ziel angekommen ist. Also ein fertiges Paradies, in dem bereits alles da wäre, eine statische Welt, in der es keine Schuld und kein Versagen geben könnte. Hat Gott nicht am Ende doch einen Fehler gemacht?

Die Antwort kann nur lauten: In einer solchen Welt gäbe es keine Freiheit. In einer solchen Welt wären wir bloße Marionetten, infantile, euphorisierte, auf Glücksgefühl programmierte Bio-Maschinen, wie sie Aldous Huxley in seinem Roman „Schöne neue Welt" (1932) schildert. Die Freiheit ist ein unendliches Kapital. Sie erst macht den Menschen zum Menschen, zum Bewunderer und zum Liebenden. Nur als freie Menschen werden wir einmal die Seligkeit ewiger Liebe erfahren.

Aber wie ist es dann mit all denen, die nie frei wurden? Die ohne eigene Schuld in ihrer Entwicklung zurückblieben? Wie ist es mit denen, deren Existenz nie zur Freiheit reifen konnte, weil sie in unmenschlichen Verhältnissen leben mussten oder schon als Säuglinge starben oder als Embryonen getötet wurden? Die hier angeschnittene Frage stellt sich übrigens auch für die langen Übergänge zum *homo sapiens*. Was ist mit all denen, die noch im Übergang lebten – nicht mehr ganz Tier und noch nicht wirklich Mensch? Werden all diese Wesen am Ende ins Nichts versinken? Ins reine Umsonst?

Es gibt hier keine sinnvolle Antwort, wenn wir nicht bedenken, was mit „Teilhabe", mit Partizipation gemeint ist. Es ist ja auch bei dem ganz Mensch gewordenen Menschen so, dass seine Freiheit, sein Verstand, seine Würde, ja sein Glück niemals etwas ist, das er aus sich allein und für sich allein hat. Er hat das alles immer von Anderen und mit Anderen zusammen. Ewiges Leben ist nach christlichem Verständnis nicht nur unverdientes Geschenk, sondern darüber hinaus reine Teilhabe – Teilhabe an dem Glück, dem Wissen, der Freiheit Anderer. Letztlich Teilhabe am Leben des dreieinen Gottes, der selber in sich Gemeinschaft ist.

*

Damit sind wir bei dem Thema der Auferweckung der Toten angekommen. Das war unausweichlich. Denn für die Christen gibt es auf die abgrundtiefe Frage nach dem Leid noch eine letzte Antwort, die alles bisher Gesagte umfängt und trägt: Es ist die Weltrevolution der Auferstehung. Und zwar nicht als Revolution, die der Mensch veranstaltet, sondern als die kosmische

Umwälzung, die Gottes Antwort auf alles Leid der Welt ist. Wir dürfen den Weg nicht wie Laotse zum Ziel erklären. Das Ziel ist noch nicht erreicht. Wir sind noch unterwegs zu dem Ziel, das Gott mit der Welt im Sinn hat. Dieses Ziel heißt „Auferweckung der Toten", und zwar gerade derjenigen, denen Gewalt und Unrecht zugefügt wurde – Unrecht, das nie geklärt und aufgedeckt werden konnte.

Allerdings muss auch der Satz von der Auferweckung der Toten noch einmal differenziert werden. Die Christen glauben, dass in der Auferstehung Jesu die Auferstehung der Geschichte schon begonnen hat, ja dass sie sogar schon jetzt für jeden beginnt, der an Christus glaubt. Paulus bringt dieses „Schon jetzt" ins Wort, indem er von dem täglichen Sterben und Auferstehen der Glaubenden spricht (2 Kor 4,16). Er hat damit eine Erfahrung ausgesprochen, die nicht nur Christen machen, sondern die jeder machen kann: Wer sein Leid annimmt, es gleichsam umfängt und sein gläubiges „Ja" spricht, erfährt schon jetzt mitten in allem Schmerz einen unendlichen Sinn, der nicht mehr ableitbar ist und der Ewigkeit in sich trägt.

Freilich darf „sein Leid annehmen" nicht nur heißen, das eigene Leid anzunehmen. Es heißt gerade, das fremde Leid zu seinem eigenen zu machen und zu helfen. Damit sind wir noch einmal bei der schon angedeuteten Antwort auf das Leid der Welt angekommen: in Freiheit Verantwortung zu übernehmen und dorthin zu gehen, wo unsere Hilfe gebraucht wird. Wäre es nicht möglich, dass wir gerade hier mit allen

Atheisten zusammenkämen, vor allem mit den „bekümmerten" Atheisten, die ja eigentlich an Gott glauben möchten, es aber angesichts des Elends der Welt nicht können?

6. Argument:

Die Religionen bringen die Gewalt in die Welt.

Deshalb sind sie hochgefährlich.

Wird das 6. Argument in dieser extremen Form vorgetragen, hat es die Evolutionstheorie gegen sich. Denn die Gewalt war schon immer da. Es gab sie bereits, bevor die Religion entstand. Der Mensch hat sie schon von seinen tierischen Vorfahren geerbt, und die Tiere haben bekanntlich keine Religion. Im Tierreich ist die Gewalt allerdings durch ein Gefüge von Instinkten geordnet und eingedämmt. Uferlose Gewalt kann nicht im Interesse „egoistischer Gene" liegen.

Wirklich gefährlich wurde die tierische Gewalt erst in dem Maße, in dem durch die Hominisation die ordnende Wirkung der Instinkte langsam zurücktrat. Das jedoch geschah unabhängig von der Religion. Gefährliche Gewalt innerhalb der menschlichen Gesellschaft könnte geradezu definiert werden als aus dem Tierreich überkommene Gewalt, die noch nicht durch Versittlichung geformt und gebändigt ist.

Deshalb: Will der Mensch wahrhaft Mensch werden, steht er vor der Aufgabe, seine noch tierischen Gewaltmechanismen zu ordnen, sie umzuformen und sie in gerechte Herrschaft zu verwandeln. Dabei ist die Religion eine entscheidende Hilfe. Einfach zu behaupten, durch die Religion sei die Gewalt überhaupt erst in die Welt gekommen, ist blühender Unsinn.

Aber was hat diesen unsinnigen Vorwurf in Gang gesetzt? Offensichtlich spielt dabei der 11. September 2001 eine nicht zu unterschätzende Rolle. An diesem Tag jagten islamistische Terroristen zwei Verkehrsflugzeuge in die beiden Türme des New Yorker Welthandelszentrums. Seitdem sitzt in vielen Köpfen die Vorstellung, die schlimmste Gewalt in der Welt gehe von den Religionen aus – und zwar besonders von den monotheistischen Religionen.

Die Religionen würden schon immer starr und unbeweglich an ihren Vorstellungen festhalten. Aus diesem Grund seien sie intolerant, rechthaberisch und gewaltbereit. Und nur allzu leicht schlage diese Gewaltbereitschaft in blinde, blindwütige Aggression um. Deshalb seien Religionen etwas Gefährliches. Am gefährlichsten aber seien die monotheistischen Religionen.

Allerdings ist dieser Vorwurf nicht erst seit dem 11. September 2001 in der Welt. Schon Arthur Schopenhauer (1788–1860) hatte die „monotheistischen Religionen" prinzipiell des Fanatismus beschuldigt[22]:

> *Dies ist die schlimmste Seite der Religionen, dass die Gläubigen einer jeden [Religion] gegen die aller andern alles für erlaubt halten und daher mit der äußersten Ruchlosigkeit und Grausamkeit gegen sie verfahren: so die Mohammedaner gegen Christen und Hindu; die Christen gegen Hindu, Mohammedaner, amerikanische Völker, Neger, Juden, Ketzer und so fort. Doch gehe ich vielleicht zu weit,*

wenn ich sage a l l e Religionen: Denn, zur Steuer
der Wahrheit muss ich hinzufügen, dass die aus
diesem Grundsatz entsprungenen fanatischen
Gräuel uns eigentlich doch nur von den Anhängern
der monotheistischen Religionen, also allein des
Judentums und seiner zwei Verzweigungen, Chris-
tentum und Islam, bekannt sind. Von Hindu und
Buddhaisten wird dergleichen uns nicht berichtet.

Schopenhauer täuscht sich, wenn er den Hinduismus als tolerant und frei von allem Fanatismus betrachtet. Die derzeitigen Pressionen (und Morde) gegen Christen in Indien sprechen eine andere Sprache. Aber darum geht es hier nicht. Es geht um die Behauptung, der Monotheismus sei die Quelle alles religiösen Fanatismus.

Der Text von Arthur Schopenhauer zeigt: Die Denunzierung des Monotheismus hat schon früh begonnen. Der 11. September hat das alles nur neu entfacht. Und die Bitterkeit gegen die Religion, die mit diesem Tag um sich griff, wird so schnell nicht aufhören.

Frank Miller, einer der großen amerikanischen Comic-Zeichner, hat für einen Erinnerungsband zum 11. September eine Seite gestaltet, auf der über den längst zur Ikone geronnenen Stahlskeletten der Twin Towers die Sätze stehen:

I'm sick of flags.
I'm sick of God.
I've seen the power of faith.

Fahnen hängen mir zum Hals heraus.
Gott hängt mir zum Hals heraus.
Ich habe die Gewalt des Glaubens gesehen.

Man könnte mit vergleichbaren Emotionen ganze Bücher füllen. Der englische Schriftsteller Dick Francis hat in einem seiner besten Kriminalromane – er trägt den Titel „Unbestechlich" – ganz nebenbei und deshalb umso wirksamer den Satz platziert[23]:

Historisch gesehen sind mehr Leute an der Religion als an Krebs gestorben.

Diese Behauptung ist infam und unbeweisbar. Viel wahrscheinlicher erscheint mir, dass die Menschheit längst an globaler Depression zugrundegegangen wäre, wenn es nicht den Trost und das Glück des Glaubens an Gott gäbe.

Niemand wird bestreiten, dass es in der Geschichte des Christentums Intoleranz, Hass, Unterdrückung, Gewalt, ja vielfältigen Mord gegeben hat – verübt durch Christen. Sie handelten dann allerdings strikt gegen das, was in den Grunddokumenten der Christenheit festgeschrieben ist.

Das heißt: Dort, wo Christen intolerant waren, wo sie gehasst, verleumdet, unterdrückt und gemordet haben, handelten sie gegen die Bibel, gegen ihre eigenen Ursprünge und gegen die zentralen Glaubenssätze des Christentums. Soweit es das Neue Testament betrifft, ist das alles völlig eindeutig. Schließlich stehen in der Bergpredigt jene unheimlichen Sätze, die den Christen alle Waffen aus der Hand schlagen und sie

mit letzter Radikalität zur Gewaltlosigkeit verpflich-
ten:

> *Leistet dem, der euch Böses antut, keinen Wider-*
> *stand, sondern wenn dich einer auf die rechte*
> *Wange schlägt, halt ihm auch die andere hin.*
> *(Mt 5,39)*

> *Wenn dich einer vor Gericht bringen will, um*
> *dir das Hemd wegzunehmen, dann lass ihm auch*
> *den Mantel. (Mt 5,40)*

> *Liebt eure Feinde und betet für die, die euch ver-*
> *folgen, damit ihr Söhne eures Vaters im Himmel*
> *werdet; denn er lässt seine Sonne aufgehen über*
> *Bösen und Guten, und lässt regnen über Gerechte*
> *und Ungerechte. (Mt 5,44–45)*

Diese Sätze sind unzerstörbar in die Geschichte der
Kirche eingestiftet und damit auch in die Geschichte
der Welt. Sie haben die Weltgeschichte verändert. Sie
wurden von zahllosen Christen gelebt, nicht nur von
den Märtyrern und einer Vielzahl von Heiligen – und
selbst das Versagen vieler Christen kann diese Sätze
nicht aus der Welt schaffen.

*

Doch nun der Einwand, den man immer wieder
hören kann und der in seiner Uninformiertheit offenbar unausrottbar ist: Die zitierten Sätze der Bergpredigt seien zwar eindeutig. Aber zum Christentum
gehöre ja auch das Alte Testament – und gerade im Al-

ten Testament wüte ein Gott der Gewalt, ein grausamer, hassender, intoleranter und fanatischer Gott, der zur Vernichtung anderer Völker aufrufe. Damit sei die Bibel als ganze genommen genauso zwiespältig und doppeldeutig wie der Koran.

Mit diesem Einwand, der den Christen nicht nur von außen immer wieder um die Ohren geschlagen wird, sondern der still und leise auch im Herzen vieler Gläubigen nistet, müssen wir uns an dieser Stelle beschäftigen.

Der Einwand, so wie er hier formuliert wurde, hat keine Ahnung von der wirklichen Bibel. Er hat nicht begriffen, in welchem Verhältnis das Neue Testament zum Alten steht. Das Neue Testament mit seiner Bergpredigt und vielen anderen Texten absoluter Gewaltlosigkeit ist nämlich kein zufälliger und beliebiger Anhang an das Alte Testament, sondern für die Christen dessen endgültige Deutung. Das Neue Testament ist die definitive Klärung und Vereindeutigung des Alten Testamentes. Es ist für die christliche Theologie die „Schlussredaktion" des Alten Testamentes, die alles, was vorangegangen war, noch einmal von Jesus Christus her erhellt, abklärt und in das richtige Licht rückt.

Wenn daher das Neue Testament Mord und Gewalt ausschließt, sind damit alle Gewalttexte des Alten Testamentes in einen neuen Zusammenhang gestellt. Dann müssen sie vom Neuen Testament her ausgelegt werden. Dann müssen sie unter Umständen sogar vom Neuen Testament her kritisiert werden. Vielleicht müssen sie dann aber auch vom Neuen Testament her genauer und differenzierter gelesen werden. Das Alte Testament erhält also nach christlichem Verständnis seine letzte, maßgebende Sinnschicht erst durch das Neue Testament.

*

Noch einmal anders formuliert: In den Schriften des Alten Testamentes gibt es noch nicht die eine und einzige Stimme, die alles eindeutig macht – die Stimme Jesu. Im Alten Testament gibt es noch viele Stimmen. Sie scheinen auf den ersten Blick durcheinanderzurufen. Sie scheinen auf den ersten Blick nicht zusammenzustimmen, sich nicht zu einer Einheit zu finden.

Dazu gehören nun allerdings Texte, die vom heutigen Leser als schlimm und grausam eingeschätzt werden, die es in Wirklichkeit aber gar nicht sind. Nicht zu beseitigen ist zum Beispiel das falsche Verständnis des „Auge um Auge, Zahn um Zahn". Wie ein Mantra wird diese Formel immer wieder für die angebliche Primitivität des Alten Testamentes ins Feld geführt. Aber was ist mit dem

Auge für Auge, Zahn für Zahn, Hand für Hand, Fuß für Fuß, Brandmal für Brandmal, Wunde für Wunde, Striemen für Striemen (Ex 21,24)

in Wirklichkeit gemeint? Gerade nicht, wie unablässig behauptet wird: „Schlägst du mir ein Auge aus, dann darf auch ich dir ein Auge ausschlagen." Das Prinzip „Auge für Auge", das sogenannte *ius talionis,* steht im Buch Exodus inmitten einer Folge von Paragraphen, die Ersatzleistungen regeln (Ex 21,18 – 22,16). Gemeint ist deshalb: Wenn jemandem im Streit ein Auge ausgeschlagen wird, dann darf er den Anderen deshalb weder umbringen noch ihm dasselbe antun, sondern der Andere muss ihm eine Geldbuße zahlen, und zwar im Wert des ausgeschlagenen Auges. Es geht in der Rechtsformel „Auge für Auge" also um eine Humanisierung menschlichen Verhaltens. Nicht mehr brutales Faustrecht soll herrschen, nicht einmal mehr Blutrache (die bereits einen Rechtsfortschritt bedeutete und strengen Regeln unterworfen war), sondern es wird angeordnet: Gewalt, die nicht zum Tod führte, soll durch Festsetzung eines Schmerzensgeldes aus der Welt geschafft werden.

*

Noch ein anderes alttestamentliches Textphänomen erregt immer wieder Anstoß und verleitet schlecht informierte Leser dazu, für das Alte Testament von einem Gott der Gewalt und der Rache zu sprechen. Das Buch Josua erzählt, wie Israel in das verheißene Land einmarschiert und die Menschen, die dort wohnen, der Vernichtung weiht (vgl. etwa die Vernichtung der Stadt Ai in Josua 8,1–29). Und das auf den ausdrücklichen Befehl Gottes!

Nun haben sich – historisch gesehen – die Dinge so mit Sicherheit nicht abgespielt. Wie die Archäologie längst gezeigt hat, sind die Volksgruppen, die sich später „Israel" nannten, nur langsam in das Land eingesickert. Sie haben zunächst ausschließlich auf den Höhen gesiedelt, an Stellen, wo es bis dahin überhaupt keine Siedlungen gegeben hatte. Die Zuwanderer waren viel zu schwach, um die befestigten kanaanäischen Städte in den fruchtbaren Ebenen angreifen zu können.

Allerdings trägt diese Feststellung für unsere Fragestellung noch nicht viel aus. Es geht ja um das *Gottesbild* des Alten Testamentes. Wie kann die hebräische Bibel Texte dulden, in denen Gott die Ausrottung von Menschen befiehlt? Dazu muss man einfach wissen: Die entsprechenden Texte wurden formuliert in einer Zeit, in der Israel selbst in der Gefahr war, unterzugehen und ausgerottet zu werden.

Im 8. Jahrhundert vor Christus hatten die Assyrer mit einer im Alten Orient bis dahin nicht gekannten Wucht begonnen, ganze Völker umzusiedeln und um ihre Identität zu bringen. Im Jahre 722 eroberten sie Samaria. Seitdem gab es das Nordreich Israel nicht mehr. Der gesamte Norden wurde zu einer assyrischen Provinz. Die Bevölkerung wurde deportiert. Eine neue heidnische Oberschicht aus dem Osten wurde angesiedelt.

Im 6. Jahrhundert gerät dann auch das Südreich Juda unter Fremdherrschaft, jetzt unter die des neubabylonischen Reiches. Am Ende der Königszeit hatte das Volk Israel fast sein gesamtes Land verloren. Nur noch die Stadt Jerusalem und das Gebiet des Stammes Juda waren übriggeblieben – unter babylonischer Oberhoheit. Im Gegensatz zur assyrischen Praxis haben die Babylonier nur die Elite der Bevölkerung in den Osten deportiert.

Vor diesem politischen Hintergrund ringen die Ausrottungsbefehle des Buches Josua (und von Dtn 7,1–2) um die Weiterexistenz des Volkes Israel. Sie wollen den bedrohten und verzagten Menschen im Südreich sagen: „Euch gehört das Land. Euch ist es einst von Gott als Geschenk gegeben worden. Ihr werdet nicht untergehen. Gott steht auf Eurer Seite, wenn ihr ihm nur radikal vertraut!" Man könnte das Gotteswort an Josua – gleich zu Beginn des Buches – geradezu als Trostwort angesichts der verzweifelten Lage Israels am Ende der Königszeit betrachten:

Habe ich dir nicht geboten: Sei mutig und stark?
Fürchte dich also nicht und hab keine Angst. Denn
der Herr, dein Gott, ist mit dir, wo immer du gehst.
(Jos 1,9)

Die Ausrottungsbefehle, angesetzt in einer fiktiven Situation, die bereits Jahrhunderte zurücklag, waren also eher Ermutigungsworte, die angesichts der brutalen Bedrohung durch Assur (und später durch Babylon) dem Rest Israels die Identität sichern sollten. Eine Erzählung wie die von der Vernichtung der Stadt Ai ist entstanden als „Gegengeschichte", mit der die Angst und Schrecken verbreitende Propaganda der Gegner Israels konterkariert werden sollte.

*

Es käme also darauf an, die alttestamentlichen Texte zunächst einmal richtig zu lesen. Im Übrigen gibt es schon im Alten Testament selbst eine immer stärker werdende Kritik an der Gewalt. Diese Kritik zeigt sich gerade in späten, nachexilischen Texten, in denen Israel zurückblickt in seine eigene Geschichte – in eine Geschichte die randvoll war mit Gewalt von außen und von Gewalt im Gottesvolk selbst.

Da sind zum Beispiel die ersten elf Kapitel der Genesis, die als Urgeschichte der gesamten Tora vorausgestellt wurden. Sofort zu Beginn ist dort von einer schrecklichen Gewalttat die Rede: Kain erschlägt seinen Bruder Abel. Aber vor dieser Gewalttat wird ausdrücklich gewarnt. Gott spricht zu Kain:

> *Warum überläuft es dich heiß und warum senkt sich dein Blick? Nicht wahr: Wenn du recht tust, darfst du aufblicken. Wenn du nicht recht tust, lauert an der Tür die Sünde. Auf dich hat sie es abgesehen. Du aber werde Herr über sie.*
> *(Gen 4,6–7)*

Das ist gerade die Entlarvung von Rivalität und Hass. Einige Kapitel später schaut Gott auf seine Schöpfung und sieht, dass die Welt nicht zu dem geworden ist, was sie nach seinem Willen sein sollte: Die Gesellschaft ist voller Gewalt. Ausdrücklich sagt Genesis 6,11–13:

> *Die Erde aber war in Gottes Augen verdorben. Sie war voller Gewalttat. Gott sah sich die Erde an:*

Sie war verdorben, denn alle Wesen aus Fleisch auf der Erde lebten verdorben. Da sprach Gott zu Noach: „Ich sehe, das Ende aller Wesen aus Fleisch ist da; denn durch sie ist die Erde voller Gewalttat."

Dieser Text und die Erzählung von der großen Flut, die sich anschließt, will dem Hörer, beziehungsweise dem Leser sagen: Gott ist gerade nicht einverstanden mit der Gewalt in der Welt. Er wollte und will eine andere Welt, eine Welt ohne Gewalt. Er will eine Weltgesellschaft, die in Frieden lebt.

Aber wie ist dieser Friede in der Welt herstellbar? Hierauf gibt das Alte Testament eine erstaunliche Antwort: Nicht dadurch, dass es in der Welt ein Volk gibt, das mächtiger ist als alle anderen Gesellschaften – ein Volk, das jede ausbrechende Gewalt mit noch größerer Gewalt niederschlägt und so die Rolle eines Weltpolizisten spielen kann.

Die Verlockung, so zu denken, ist groß. Denn Weltpolizisten haben auch ihre Vorteile. Sie sind sogar notwendig – so notwendig wie Polizei und Justiz innerhalb einzelner Nationen. Und doch erwartet das Alte Testament in seinen maßgebenden prophetischen Texten, in denen sich jahrhundertelange Erfahrungen und Hoffnungen Israels verdichtet haben, das Ende der Gewalt nicht aus der Gegengewalt. Das zeigt zum Beispiel der berühmte Text Jesaja 2,2–5.

Hier wird der Weltfriede gerade nicht durch ein Volk hergestellt, das moderner gerüstet und besser organisiert ist als alle anderen Völker, sondern durch das

Gottesvolk, das auf die Weisung seines Gottes hört, das als gerechte Gesellschaft lebt und seine Schwerter in Pflugscharen umgeschmiedet hat. Eben auf diese Weise ist Israel zur Stadt auf dem Berg geworden, auf die alle Völker schauen, ja zu der alle Völker hinziehen, um von ihr zu lernen, wie richtige Gesellschaft gebaut ist.

Noch ist es eine Vision. Dieser Weltzustand ist gemäß Jesaja 2 noch nicht erreicht. Aber das Gottesvolk muss schon jetzt anfangen, diese Vision einer neuen und ganz anderen Gesellschaft zu leben. Dann wird sie auch kommen – und zwar für die gesamte Welt. Der unglaublich kühne Text, der in Micha 4,1–5 eine Parallele hat, lautet folgendermaßen:

Das Wort, das Jesaja, der Sohn des Amoz, in einer Vision über Juda und Jerusalem gehört hat:

Am Ende der Tage wird es geschehen: Der Berg mit dem Haus des Herrn steht fest gegründet als höchster der Berge; er überragt alle Hügel. Zu ihm strömen alle Völker. Viele Nationen machen sich auf den Weg. Sie sagen: „Kommt, wir ziehen hinauf zum Berg des Herrn und zum Haus des Gottes Jakobs. Er soll uns seine Wege zeigen. Auf seinen Pfaden wollen wir gehen.“

Denn vom Zion kommt die Weisung des Herrn, aus Jerusalem sein Wort. Er spricht Recht im Streit der Völker, er weist viele Nationen zurecht. Dann schmieden sie Pflugscharen aus ihren Schwertern, und Winzermesser aus ihren Lanzen. Man zieht

nicht mehr das Schwert, Volk gegen Volk, und übt
nicht mehr für den Krieg.

Ihr vom Haus Jakob, kommt, wir wollen unsere
Wege gehen im Licht des Herrn! (Jes 2,1–5)

Dieser Text, der ein zentraler prophetischer Text des Alten Testamentes ist, behauptet also, der Weltfriede werde nur erreicht durch Gewaltlosigkeit, aber – wohlgemerkt – durch die Gewaltlosigkeit des Gottesvolkes, das in seiner eigenen Mitte die Weisung Gottes und damit die Gewaltlosigkeit Gottes realisiert. Erst wenn das Gottesvolk als gerechte Gesellschaft lebt, wird der Friede auch für die übrigen Völker möglich. Deshalb am Ende der Vision der Aufruf:

Ihr vom Haus Jakob, kommt, wir wollen unsere
Wege gehen im Licht des Herrn!

Ist also der Gott, der hinter Jesaja 2 und Micha 4 steht, ein Gott der Gewalt, ein Gott der Aggression und Intoleranz, ein Gott der wütet und vernichtet?

*

Aber das Alte Testament geht noch viel weiter. Es weiß aus seiner Geschichte, dass der, der auf Gewalt verzichtet, dann oft selber Gewalt erleiden muss, dass er rücksichtslos erledigt wird von denen, die allein auf die Gewalt setzen. Und so formuliert Deuterojesaja – aus der Erfahrung des von den Völkern unterdrückten und zertretenen Israel – seine Gottesknechtslieder, die unter der Chiffre des „Gottesknechtes" von Israel selbst handeln.

Gegen diesen „Knecht Gottes", also gegen das Gottesvolk, haben sich die Völker zusammengerottet[24]. Sie schlagen den Knecht Gottes nieder, ja, sie versuchen, ihn zu vernichten. Er aber bleibt seinem Gott treu und nimmt allein zu ihm seine Zuflucht. Er schlägt nicht zurück gegen die Gewalt, die sich auf ihn konzentriert. Er weicht auch nicht aus. Und gerade so setzt der Gottesknecht die Völkerwelt ins Staunen. In Jesaja 53 hören wir plötzlich ein Bekenntnis der Könige und Machthaber, die gegen den Knecht Gottes gewütet hatten. Die Völker und ihre Herrscher erkennen, was dieser Ausgestoßene war und was Gott mit ihm gewollt hat. Sie müssen nun bekennen:

Wir meinten, er sei von Gott geschlagen, von ihm getroffen und gebeugt. Doch er wurde durchbohrt wegen unserer Verbrechen, wegen unserer Sünden wurde er zermalmt. (Jes 53,4–5)

Mit dieser Theologie des Deuterojesaja ist ein Punkt erreicht, der nicht mehr überholt werden kann. Es ist eine alles umwerfende Revolution des Denkens – schon im Alten Testament selbst. Es ist die Einsicht, dass es besser ist, Opfer zu sein, als gewalttätiger Sieger. Es ist die Einsicht, dass der wahre Friede in der Welt nur von den Opfern her, nie aber von den Siegern her entstehen kann.

*

Nun sind sich die Ausleger bis heute nicht ganz einig, ob der Gottesknecht des Jesaja-Buches einfachhin die

Verdichtung des zertretenen Israels sei oder vielleicht doch eine Einzelpersönlichkeit, in der sich aber das Schicksal Israels widerspiegele. Zwar sprechen schwerwiegende Gründe dafür, dass im Jesaja-Buch mit dem Gottesknecht Israel gemeint ist. Wir können die ganze Frage an dieser Stelle aber offenlassen.

Denn es gibt im Alten Testament Texte, welche die Frage „Einzelner" oder „Kollektiv" dann auch zugunsten einer Einzelperson entscheiden können. In Sacharja 9,9–10 zum Beispiel, einem sehr späten Text des Alten Testamentes, bringt der Messias, also die Figur eines Einzelnen, Israel und der Welt den Frieden. Wahrscheinlich beruht auch diese Vorstellung auf einer der tiefsten Erfahrungen Israels: Zwar ist es besser, Opfer zu sein, als gewalttätiger Sieger. Aber reines Opfer zu sein, kann ein ganzes Volk gar nicht aushalten. Besser gesagt: Das kann das Gottesvolk nur aushalten, wenn ein Einzelner ihm auf dem Weg der absoluten Gewaltlosigkeit vorangeht. Und genau davon spricht Sacharja 9,9–10:

Juble laut, Tochter Zion! Jauchze, Tochter Jerusalem! Siehe, dein König kommt zu dir. Er ist gerecht und hilft; er ist demütig und reitet auf einem Esel, auf einem Fohlen, dem Jungen einer Eselin. Ich vernichte die Streitwagen aus Efraim und die Rosse aus Jerusalem, vernichtet wird der Kriegsbogen. Er [der messianische König] verkündet für die Völker den Frieden; seine Herrschaft reicht von Meer zu Meer und vom Eufrat bis an die Enden der Erde.

Der Messias, über den ganz Jerusalem in Jubel aus-
bricht, kommt also auf einem Esel, dem Reittier der
Armen. Auf Eseln kann man keinen Krieg führen. Der
Messiaskönig kommt somit als ein Gewaltloser, als ein
Friedfertiger und Friedensbringer. Er wird die Streit-
wagen aus Efraim zerstören und die Kriegsrosse aus
Jerusalem wegschaffen. Wohlgemerkt: Nicht die Waf-
fen der Feinde Israels werden zerstört, sondern das
Gottesvolk selbst wird abgerüstet.

So verdichtet dieser späte Text noch einmal, was
schon Jesaja 2 und Micha 4 gesagt hatten. Er deutet
diese kollektiven Texte aber nun auf den kommenden
Messias.

Wie bereits festgestellt: Der Text Sacharja 9 ist spät.
Als er formuliert wurde, hatte sich Alexander der
Große mit seiner makedonischen Kriegstechnik be-
reits ein Weltreich erobert, das von Ägypten bis nach
Indien reichte. Der Messias auf dem Esel ist höchst-
wahrscheinlich ein bewusstes Gegenbild zu dem Welt-
beherrscher Alexander auf seinem Kriegspferd. Der
Messiaskönig von Sacharja 9 hat keinerlei Macht.
Oder besser: Seine Macht sind Milde und Demut.
Doch gerade diese Macht ist größer als die Macht
Alexanders.

*

So verdichtet sich bei Sacharja eine lange Linie des Alten Testamentes. Man könnte diese Linie folgendermaßen formulieren: Gott will nicht eine Welt, die voll
Gewalt ist. Sein Heilmittel ist ein Volk, das die Ge-

waltlosigkeit lebt. Das aber bedeutet, dass dieses Volk zum Opfer wird. Und weil ein ganzes Volk so etwas nicht kann, muss es einen geben, der den Weg der absoluten Gewaltlosigkeit vorangeht, damit dann die Vielen im Gottesvolk seiner Spur folgen können.

Derart revolutionär denkt das Alte Testament. Mehr konnte auch das Neue Testament nicht mehr sagen. Es konnte dann nur noch sagen: Dieser Eine ist tatsächlich gekommen. Er hat all das gelebt, was schon das Alte Testament gesehen hatte, und nun kann es nur noch darum gehen, dass er sein Volk dafür gewinnt, lieber Opfer als Täter zu sein. Jesus hat die besten Texte des Alten Testamentes mit unglaublichem Gespür und einer unerhörten Sicherheit aufgegriffen. Er hat ganz aus dem Alten Testament gelebt und es in allem vollendet.

Kann man nach all dem noch sagen, das Alte Testament verkünde einen gewalttätigen Gott, einen Gott der Aggression und der Intoleranz? In keiner Weise! Im Gegensatz zum Koran und seinem Gott ist die Bibel in der Gewaltfrage eindeutig. Und das eben nicht erst im Neuen Testament. Schon im Alten Testament wird die Kritik an der Gewalt immer lauter. Und schon das Alte Testament hat die ungeheuerliche Revolution des Denkens zur Gewaltlosigkeit hin vollzogen. Wer das nicht sieht, hat keine Ahnung vom Alten Testament, auch nicht von der alttestamentlichen Wissenschaft.

7. Argument:

Das Gottesbild der Bibel ist primitiv und abstoßend.

Deshalb muss in Zukunft verhindert werden, dass Kinder durch dieses Gottesbild indoktriniert werden.

Richard Dawkins erlaubt sich im 2. Kapitel seines Buches die folgenden Sätze:

> *Der Gott des Alten Testaments ist – das kann man mit Fug und Recht behaupten – die unangenehmste Gestalt in der gesamten Literatur. Er ist eifersüchtig und auch noch stolz darauf; ein kleinlicher, ungerechter, nachtragender Überwachungsfanatiker; ein rachsüchtiger, blutrünstiger ethnischer Säuberer; ein frauenfeindlicher, homophober, rassistischer, Kinder und Völker mordender, ekliger, größenwahnsinniger, sadomasochistischer, launisch-boshafter Tyrann*[25].

Eigentlich sollte man solche Beschimpfungen nicht zitieren. Und doch – es ist notwendig. Nicht nur, weil sie zeigen, wie bar jeder Achtung ihr Verfasser vor dem Glauben anderer ist. Viel wichtiger ist Folgendes: Die zitierten Unverschämtheiten zeigen, dass Dawkins jede Einfühlung in Texte, die einer anderen Zeit und Kultur angehören, fehlt. Er hat nicht nur keine Ahnung von den Ergebnissen alttestamentlicher Wissenschaft, sondern auch vom Umgang mit literarischen

Texten. Er vergewaltigt sie blindwütig. Er bemüht sich erst gar nicht, ihm fremde Redegattungen zu verstehen. Offenbar hasst er die Bibel bereits, bevor er noch die erste Seite in ihr gelesen hat.

Über das Thema „Gewalt" im Alten Testament haben wir bereits gesprochen; an dieser Stelle soll nun noch das Thema des „Zornes Gottes" aufgegriffen werden. Im Alten Testament ist tatsächlich an vielen Stellen vom „Zorn Gottes" die Rede (übrigens auch im Neuen Testament). Aber diese Redeweise muss vor dem Hintergrund altorientalischer Königsideologie begriffen werden. Der Zorn des Königs war nicht die Wut eines „launisch-boshaften Tyrannen", der tat, was ihm gerade passte. Mit diesem Zorn war Leidenschaft gemeint – und zwar die politische Leidenschaft zur Durchsetzung des Rechts und zur Rettung der Unterdrückten.

Entsprechend meint die Aussage vom sich offenbarenden Zorn Gottes in der Bibel gerade Gottes Eintreten für Recht und Gerechtigkeit. Und zwar aus Treue zu seinem Volk und aus Treue zu seiner Schöpfung. Gott findet sich eben nicht ab mit der Entmenschlichung der Gesellschaft und der Zerstörung der Schöpfung. Gott lässt sich seine Schöpfung nicht entreißen. Er hält fest an der Herrlichkeit, zu der er die Welt führen will. Und er lässt sich nicht abbringen von seinem Ziel, Israel zu einer gerechten Gesellschaft hinzuführen, in der die Armen nicht unterdrückt werden.

In diesem Zusammenhang muss auf ein Übersetzungsproblem hingewiesen werden. In unseren deutschen Bibelübersetzungen erscheinen relativ häufig im Zusammenhang mit dem Eingreifen Gottes die Begriffe „Strafe", „Vergeltung" und „Rache". Die hebräischen Entsprechungen sind damit aber nur sehr ungenau wiedergegeben. Es geht dabei nämlich immer um die rettende Gerechtigkeit Gottes, der als „soziale Instanz" gegen Verfolger und Unterdrücker vorgeht und sich der Armen und Deklassierten erbarmt. Gott kämpft für die Hilflosen. Er will in Israel menschenwürdige Verhältnisse aufrichten. Gott bindet sein Gott-Sein geradezu an das Schicksal der Armen und Entrechteten[26].

Immer neu reden die Propheten von dieser Leidenschaft Gottes. So etwa Amos 8,4–7. Der Text spricht von dem Zorn Gottes gegen die Mächtigen, die immer reicher werden, weil sie die Armen im Volk ausbeuten:

> *Hört dieses Wort, die ihr die Schwachen verfolgt und die Armen im Land unterdrückt. Ihr sagt: „Wann ist das Neumondfest endlich vorbei? Denn wir wollen Getreide verkaufen. Und wann ist der Sabbat vorbei? Denn wir wollen den Kornspeicher öffnen, das Maß kleiner und den Preis größer machen. Wir wollen die Gewichte fälschen. Wir wollen mit Geld die Hilflosen bestechen, für ein paar Sandalen wollen wir uns die Armen kaufen. Sogar den Abfall des Getreides machen wir noch zu Geld." Beim Stolz Jakobs hat der Herr geschworen: Keine ihrer Taten werde ich jemals vergessen.*

Dieser und viele andere Texte machen deutlich: Der Zorn Gottes ist etwas ganz anderes als das, was Dawkins darunter versteht. Er hat mit Rachsucht nicht das Geringste zu tun. Er meint die Wiederherstellung des Rechts, die Heilung der Gesellschaft.

*

Hinzu kommt, dass schon innerhalb des Alten Testamentes selbst an entscheidenden Stellen dieser richterliche Zorn Gottes in reine Liebe umschlägt. Beim Propheten Hosea etwa spricht Gott:

> *Wie könnte ich dich preisgeben, Efraim, wie dich aufgeben, Israel? (...) Mein Herz wendet sich gegen mich, mein Mitleid lodert auf. Ich will meinen glühenden Zorn nicht vollstrecken und Efraim nicht noch einmal vernichten. Denn Gott bin ich, kein Mensch, der Heilige in deiner Mitte. Darum komme ich nicht in Zornesglut. (Hos 11,8–9)*

Diese Umkehrung von Zorn in Erbarmen, von Gericht in Heil, begegnet keineswegs nur bei Hosea. Ähnliche Texte finden sich auch bei anderen Propheten und darüber hinaus im gesamten Alten Testament. Gott antwortet seinem Volk trotz dessen Untreue und Auflehnung mit Treue. Sein Herz schlägt für Israel. Er kann gar nicht anders, als sich seines Volkes zu erbarmen. So heißt es in Jesaja 54,6–8:

> *Kann man denn die Frau verstoßen, die man in der Jugend geliebt hat?, spricht dein Gott. Nur für eine kleine Weile habe ich dich verlassen, doch mit*

großem Erbarmen werde ich dich sammeln. Einen
Augenblick nur verbarg ich vor dir mein Gesicht
in aufwallendem Zorn, aber mit ewiger Gnade
werde ich mich deiner erbarmen, spricht der Herr,
dein Erlöser.

Dem Alten und Neuen Testament sind *drei Dinge* immer gegenwärtig: Zunächst einmal die wahre Situation des Gottesvolkes. Sein ständiges Versagen, seine Untreue, seine Schäbigkeit, ja seine Bosheit. Es gibt kein Volk, das seine eigenen Könige, seine Priester, seine Propheten, ja sich selbst so kritisch und nüchtern gesehen hat. Da wird nichts geschönt, da wird nichts verschleiert.

Das *Zweite,* in den biblischen Texten immer gegenwärtig, ist der Wille Gottes, Welt zu verändern – und zwar nicht im Allgemeinen, nicht im Ungefähren und Vagen, sondern in Israel beziehungsweise in der Kirche. Gott fängt die Veränderung der Welt an einem konkreten, überschaubaren Ort an. Denn er kann den Zustand der Welt nicht so lassen, wie er ist. Das Unrecht muss aufgedeckt, das Böse in Heil verwandelt werden. Deshalb die Leidenschaft Gottes – in biblischer Sprache: der Zorn Gottes. Es geht diesem Zorn gerade um das Glück der Welt. Gott schaut eben nicht weg, wie wir meistens wegschauen. Das Elend der Armen und Verachteten ist ihm nicht gleichgültig.

Das *Dritte,* das alle Zornestexte still begleitet und dann sehr oft laut durchbricht, ist das Dennoch der Treue Gottes, sein Erbarmen, seine Liebe, die plötzlich allen richterlichen Zorn wendet und umkehrt. Die Texte aus Hosea und Jesaja waren Beispiele dafür.

Diesen Dreiklang muss man aus der Bibel stets heraushören. Dazu braucht es freilich den Willen, die Texte und ihre Dialektik wirklich wahrzunehmen, ihre Nebentöne zu hören, schon durchgeführte Themen in ihrem Nachklang noch mitzuhören. Aber das gilt ja nicht nur für biblische Texte. Es gilt für jeden Text, für jedes Hören und Betrachten großer Kunst.

Wer die Bibel unvoreingenommen liest, erfährt, was der Mensch ist – in seinem Elend und in seiner Größe, in seiner Verlorenheit und in seinem Liebreiz. Er erfährt aber auch, wer Gott ist. Er beginnt die abgründige Liebe Gottes zu begreifen, seine Geduld, seine Treue, sein Erbarmen. Er erfährt schließlich, was die Welt ist: Dass sie von Gott kommt und einmal ganz bei Gott ankommen wird – trotz aller menschlichen Treulosigkeit – , weil sich Gott seine Schöpfung nicht entreißen lässt.

Und das alles erfährt der Leser nicht in trockener Doktrin, nicht in abstrakter Theologie, nicht in strohernen Texten, sondern in Geschichten und Gleichnissen, Erzählungen und Bilderreden, allerdings auch in Geboten und Weisheitsregeln. Er erfährt es in einer Sprache, die warnen und werben, klagen und bitten, befehlen und stammeln, erschrecken und trösten kann.

*

Kindern könnte gar nichts Besseres geschehen, als dass sie in diese Sprache eintauchen. In die Poesie, in den Bilderreichtum, in die Macht, in die Schönheit dieser Sprache. Und hinter der Sprache und durch die Sprache hindurch selbstverständlich in den Reichtum der Welt, die in der Bibel geschildert wird. Sie ahnen dann, was das Böse und was das Gute ist. Sie lernen das Elend und die Größe des Menschen kennen. Sie lernen, dass es Schuld, aber auch selige Umkehr gibt. Sie ahnen, wenn sie richtig unterwiesen werden, wer Gott ist: heilig, gerecht, barmherzig, liebend. Sie sind dann in den Stand gesetzt, sich mit diesem Gott auseinanderzusetzen, ihr ganzes Leben lang. Sie können es wagen, auf ihn zu setzen. Sie können sich aber auch von ihm abwenden.

Ist das Vertrautwerden mit solchen Texten Indoktrination? Wird damit den Kindern und Jugendlichen die Freiheit genommen, selbständig zu denken und sich selbst eine Meinung zu bilden?

Dawkins behauptet das. Er und viele andere sind der Meinung, Kinder sollten erst als Erwachsene darüber entscheiden, was sie über die Welt und das Leben denken möchten. Nur dann seien sie wirklich unvoreingenommen und frei. Vorher dürfe man seine Kinder nur zum kritischen Sehen und Vergleichen erziehen.

Doch das Gegenteil ist wahr. Der Welt der Kritik, der Verneinung und des Sich-Verweigerns wird das Kind sowieso begegnen. Wer jedoch einem Heranwachsenden die Welt Gottes von vornherein versperrt, nimmt ihm die Möglichkeit, später noch wählen zu können.

Es ist eine Illusion zu glauben, es gäbe eine weltanschaulich neutrale Erziehung, die noch alles offenließe, weil sie sich auf Werte wie Wahrhaftigkeit und Hilfsbereitschaft beschränke. Es gibt keine Erziehung, in der die großen Fragen des Lebens offenbleiben. Und zwar deshalb nicht, weil in jeder Erziehung, wie immer sie aussieht, schon ständig Welt vermessen und beurteilt wird.

Mit jedem Wort, mit jedem Satz unserer Sprache, mit jeder Geste und Gebärde vermitteln wir unseren Kindern Welt – und zwar bereits gedeutete Welt. Ob wir es wollen oder nicht: Wir vermitteln ihnen ständig unseren Blick auf die Welt. Entweder auf eine Welt, die offen ist auf Gott hin – oder auf eine Welt, die Gott nicht zulässt. Es gibt keine neutrale Sprache. Wer seinen Kindern bewusst die Welt des Glaubens verschließt, ist in Wahrheit derjenige, der sie indoktriniert. Denn er indoktriniert seine Kinder zum Unglauben. Er erzieht sie keineswegs zur Weltoffenheit, sondern er entzieht ihnen die Weite und die Freiheit des Glaubens.

Selbstverständlich haben wir unsere Kinder in ihrer Eigenart, in ihrer je eigenen Geschichte, in ihrem Person-Werden zu achten. Selbstverständlich dürfen wir sie nicht zu etwas zwingen, das sie nicht wollen. Zum Glauben darf man niemanden zwingen, keinen Erwachsenen und erst recht kein Kind. Glauben kann man auch nicht andemonstrieren. Man kann ihn nur vorleben. Aber man darf einem Kind auch nicht das, was man selbst als die Wahrheit der Welt erkannt hat, verbergen und vorenthalten.

8. Argument:

Der Blick auf das Jenseits lähmt.

Es kommt darauf an, diese Welt zu verändern.

2003 erschien ein Buch des renommierten Ägypto-
logen Jan Assmann mit dem Titel: „Die Mosaische
Unterscheidung oder der Preis des Monotheismus"[27].
Damit es zu keinem Missverständnis kommt: Jan Assmann ist keineswegs ein Repräsentant des neuen
Atheismus. Er wird hier aus einem anderen Grund an-
geführt.

Assmann unterscheidet in seinem Buch zwischen
„primärer" und „sekundärer Religion". Typisch für
die primäre Religion sei der Polytheismus. Er ziehe
keine genaue Grenze zwischen den Göttern und den
Erscheinungen der Natur. Das Göttliche in der Welt
werde in natürlicher Evidenz erfahren, den Begriff
„Glaube" gebe es nicht. Deshalb gebe es auch keine
Orthodoxie. Das heißt: Die Unterscheidung zwischen
wahrer und falscher Religion spiele keine Rolle. Dem
entsprechend sei die primäre Religion von ihrem Wesen her tolerant. Die eigenen Götter seien mit den
Göttern anderer Religionen in hohem Maße aus-
tauschbar.

Ganz anders die sekundäre Religion. Kennzeich-
nend für sie sei die strikte Alleinverehrung eines einzigen Gottes und dann später der Monotheismus.
Dieser ziehe eine scharfe Grenze zwischen Gott und
Natur. Er denke in Unterscheidungen, in Negation

und Ausgrenzung. Deshalb sei er von seiner Struktur her unfähig, andere Anschauungen zu ertragen. Durch die monotheistischen Religionen sei eine neue Form von Intoleranz und Hass in die Welt gekommen – der Hass auf Heiden, Ketzer und Götzendiener.

Offenbar hat sich auch Jan Assmann durch den 11. September dazu verleiten lassen, in die neu um sich greifende Denunzierung des Monotheismus miteinzustimmen. Man hätte ihm mehr Differenzierungsvermögen gewünscht. Sicherlich hat es in der Christentumsgeschichte Hass und Intoleranz gegeben. Leider allzu viel! Leider allzu viel Gewalt, die im Namen Gottes verübt wurde! Aber andererseits gab es auch einen außerordentlichen Einsatz, in der Welt Gerechtigkeit, Solidarität und Frieden herzustellen. Und dieser Einsatz war nichts Zufälliges, Peripheres. Er kam aus der Substanz des Jüdisch-Christlichen. Gerade darum geht es im Folgenden.

*

Im Zusammenhang seiner Unterscheidung zwischen primärer und sekundärer Religion behauptet Jan Assmann, die primäre Religion sei „weltzugewandt", sie ziele auf „Weltbeheimatung" und auf „Integration der menschlichen Dinge in die göttlichen Ordnungen der Natur" – die sekundäre Religion hingegen sei „weltverneinend", sie ziele auf „Weltüberwindung" und „auf Erlösung des Menschen von den Zwängen dieser Welt"[28]. In der hebräischen Bibel gebe es noch eine spannungsreiche Mischung beider Arten von Reli-

116

gion. Allerdings sei dort die „archaische, polytheistische Religion der Weltbeheimatung" nur noch fragmentarisch greifbar, weil schon tendenziell von sekundärer Religion, also von monotheistischer Redaktion überlagert.

Für den Glauben an den einen, einzigen Gott, der für Israel allein maßgebend ist, trifft das zu. Die Alleinverehrung JHWHs prägt das Alte Testament. Polytheistische Elemente sind nur noch indirekt fassbar. Somit steht – gemäß dem Sprachgebrauch Jan Assmanns – das Alte Testament für „sekundäre Religion". Das Alte Testament müsste also – wiederum gemäß der Nomenklatur Assmanns – „weltverneinend" sein. Es müsste „Weltüberwindung" auf seine Fahnen geschrieben haben. Aber damit wird man dem Alten Testament in keiner Weise gerecht. Im Grunde auch nicht dem Neuen Testament. Selbst die Kirchengeschichte wird mit dieser Unterscheidung vergewaltigt.

Aber offenbar ist es verlockend, das Klipp-klapp solcher Schemata an die Geschichte anzulegen. Sie lässt sich dann zu einer medienwirksamen Schwarz-weiß-Zeichnung simplifizieren. Nicht nur Jan Assmann ist dieser Gefahr erlegen. Seit dem 19. Jahrhundert wird den Christen unablässig vorgeworfen, sie verneinten die Welt, flüchteten in religiöse Seelenräume, blickten nur noch zum Himmel, hätten Angst, irgendetwas zu genießen, verachteten die Erde, weilten mit ihren Herzen in Hinterwelten und verabreichten den Zukurzgekommenen den Glauben als Opium. Sehen wir etwas genauer hin.

117

Das Alte Testament im Ganzen weltverneinend und auf Weltüberwindung zielend? Und zwar deshalb, weil es nicht mehr eine primäre Religion vertritt, also nicht mehr polytheistisch ist? Die Dinge liegen genau umgekehrt. Gerade im polytheistischen Ägypten stoßen wir auf einen dezidierten Jenseitsglauben, der die gesamte Gesellschaft prägt. In den Jahrtausenden der altägyptischen Geschichte hört die Beschäftigung mit der Welt der Toten nie auf. Es wird ein unglaublicher Aufwand getrieben, sich einen Platz im Totenreich zu sichern. Das ganze Leben ist davon geprägt. Wir brauchen nur an die riesigen Grabanlagen, an die Pyramiden, an die Totenstädte und Totenbücher zu denken. Die Gräber, das heißt: die Häuser für die Ewigkeit, werden mit ungleich größeren Baukosten aufgerichtet als die Häuser für die Lebenden.

Im Gegensatz dazu wendet sich der JHWH-Glaube Israels mit Leidenschaft gegen alles, was mit Totenkult und Totenbeschwörung zusammenhängt. JHWH ist ein Gott der Lebenden und nicht der Toten. Gerade weil die polytheistische Umwelt Israels zutiefst vom Jenseitsglauben geprägt ist, geht Israel hier energisch auf Distanz. Jedem, der das Alte Testament liest, fällt die Bedeutungslosigkeit der Toten für das reale Leben in Israel auf.

Vor allem die Tora spricht in dieser Hinsicht eine eindeutige Sprache. In der gesamten Tora findet sich kein einziger Text, der auf das Jenseits verweist, wohl aber eine ausgesprochene Detailversessenheit, das gesamte Leben auf dieser Erde richtig, gerecht und dem

Wohl des Menschen entsprechend zu formen – von der Kredithilfe für arme Israeliten (Dtn 15,7–11) bis zum Schutzgeländer an Dachterrassen (Dtn 22,8). Da ist nichts an Welt ausgenommen, alles ist einbezogen in die Form- und Gestaltungskraft der Tora. Immer geht es um das Leben hier auf der Erde, immer geht es um die Heiligung dieser Welt. Und Heiligung dieser Welt meint gerade nicht ihre Verneinung, sondern setzt ihre Bejahung als Gottes gute Schöpfung voraus.

*

Ändert sich das im Neuen Testament? Bis zu einem bestimmten Grad durchaus. Schon am Rande des Alten Testamentes hatte sich Auferstehungshoffnung gezeigt. Sie wurde in dem Maß möglich, in dem die religiöse Faszination durch außerisraelitische Kulte abnahm. Im Neuen Testament ist deshalb die Rede von der Auferweckung der Toten kein Problem mehr. Vor allem deshalb nicht, weil nun das Kerygma „Gott hat Jesus von den Toten auferweckt" zur Grunderfahrung der jungen Gemeinde gehört.

Dennoch bleibt das Neue Testament der penetranten Diesseitigkeit des Alten Israel treu. Gradmesser dafür ist die Reich-Gottes-Verkündigung Jesu. Das „Reich Gottes" ist eben nicht identisch mit dem Himmel. Das „Reich", die „Herrschaft" Gottes beginnt für Jesus schon jetzt, mitten in dieser Geschichte. Das Reich Gottes meint eine stille Revolution mitten in der Gesellschaft, ein neues Miteinander, eine neue Art, miteinander umzugehen, eine veränderte Welt.

Wenn Jesus sagt: „Selig ihr Armen, denn euer ist das Reich Gottes" (Lk 6,20), so behauptet er damit weder, dass Armsein etwas Gutes sei, noch vertröstet er die Armen auf das Jenseits. Er will vielmehr sagen: „Selig seid ihr, weil jetzt das Neue beginnt, weil sich jetzt die Verheißungen der Propheten an den Armen Israels erfüllen und die stille Revolution des Reiches Gottes beginnt. Freut euch, denn jetzt, heute, wird die Armut von euch genommen."

Diese Spannung, dass alles Angesagte noch immer künftig ist und doch heute schon beginnt, durchzieht die gesamte Verkündigung Jesu. Er denkt gar nicht daran, die schon im Alten Testament erhoffte neue Welt Gottes ins rein Geistige zu verflüchtigen. Das Reich Gottes ist nicht das Ziel einer Seelenreise. Es sperrt sich gegen jede vorschnelle Spiritualisierung und bleibt real. Es bleibt so real wie die hundert Brüder, Schwestern, Kinder und Mütter, Häuser und Äcker, die Jesus seinen Jüngern schon für diese Welt verheißt (Mk 10,28–30).

Auch Paulus hält die Spannung zwischen dem „Schon" und dem „Noch nicht" durch. Er hofft auf die Auferstehung. Aber er weiß zugleich, dass seit der Taufe das neue Leben mitten in der Welt schon begonnen hat:

> *Wenn also jemand in Christus ist, dann ist er eine neue Schöpfung. Das Alte ist vergangen. Neues ist geworden. (2 Kor 5,17)*

*

Und wie ist es in nachneutestamentlicher Zeit weitergegangen? Ist dann alles gekippt? Setzt dann mit voller Wucht die kirchliche Weltflucht ein, beginnt dann eine tiefgreifende christliche Verachtung der Welt?

Beides hat es zweifellos in der Kirche gegeben: Weltflucht und Weltdistanz. Aber es hat beides gegeben vor dem Hintergrund eines teilweisen massiven antiken Materialismus und Hedonismus. Man braucht ja nur einmal Inschriften auf römischen Grabmonumenten zu lesen. Ein beträchtlicher Teil von ihnen hat den Duktus: „Der du hier vorübergehst, iss, trink und gib dich der Liebe hin, denn nach dem Tod ist alles aus." Einige Beispiele[29]:

Bäder und Liebe und Wein,
sie richten uns freilich zugrunde,
aber das Leben sind doch
Bäder und Liebe und Wein.

Oder:

Führe ein angenehmes Leben, Kamerad!
Warum? Nach dem Tod gibts kein Lachen mehr,
noch Scherzen, noch irgendeinen Genuss.

Oder:

Was hast du nun davon,
dass du so viele Jahre einwandfrei gelebt hast?

Oder:

Ich war nichts, ich bin nichts.
Und du, der du lebst: Iss, trink, scherze,
[und dann] komm!

Dem mussten die Christen ihre Auferstehungshoffnung und auch eine gehörige Portion gesellschaftskritische Weltdistanz entgegensetzen. Aber das war nur die eine Seite. Zugleich hat die Christen ihr Auferstehungsglaube und ihre Sehnsucht nach dem himmlischen Vaterland nie daran gehindert, an der Veränderung dieser Welt zu arbeiten.

Gerade die Klöster, die doch als die sinnenfälligsten Symbole der Weltflucht gelten könnten, zeigen etwas völlig anderes. Sie überzogen seit dem frühen Mittelalter die Länder wie ein dichtes Netz, und um sie herum wurde eine wilde und menschenfeindliche Landschaft in Kulturlandschaft verwandelt. Da wurden Obstbäume veredelt. Da gab es Schreibstuben, in denen die antike Literatur weitertradiert wurde. Da gab es Klosterschulen, die Bildung vermittelten. Da gab es Werkstätten, in denen das Handwerk gepflegt wurde. Da gab es Apotheken für die Kranken und Brot für die Armen. Die Hospitäler sind von Christen erfunden worden.

*

Eine letzte Frage an diejenigen, die nicht aufhören, von christlicher Weltverneinung zu reden: Warum entwickelte sich die industrielle Revolution gerade in Europa? Warum nicht in Indien, in China oder in Mali, dem einst mächtigen Kaiserreich Westafrikas? Die Wissenschaftler haben mancherlei Erklärungen: Europa habe die besseren Böden gehabt, das günstigere Klima, die passende Sorte von Haustieren, das richtige Getreide.

Viel wichtiger sind jedoch alle Erklärungen, die mit dem andersartigen Weltbild des christlichen Europa argumentieren: In China gibt es bis heute kein Wortzeichen für „der Einzelne". In Europa hingegen entwickelte sich der Begriff des Individuums, besser noch: der Begriff der Person. Und nur in Europa zeigte die Vorstellung der linearen Zeit – im Gegensatz zu mythischem Kreislaufdenken – ihre ganze Wucht: Sie ermöglichte ein progressives Geschichtsdenken.

Vor allem aber: Im christlichen Europa war die Welt nicht mehr eine numinos-göttliche Wirklichkeit, sondern Werk eines Gottes, der selbst an seiner Schöpfung arbeitet. Eben damit stand die Welt dem wissenschaftlichen Denken und der schöpferischen Arbeit zur Verfügung. Letztlich stammt dieses Weltbild aus der biblischen Tradition, die mit dem griechischen Wissenschaftsbegriff eine glückliche und höchst folgenreiche Verbindung einging. Der alttestamentliche Schöpfungsglaube war dabei aber die entscheidende Komponente. In Israel, an der Schnittstelle zwischen Asien, Afrika und Europa, wurde der Zündsatz für eine unfassliche Entwicklung gelegt, deren Zeugen wir alle sind.

Der äußere Durchbruch zu dieser Entwicklung geschah nicht erst in der Neuzeit. Er geschah im fälschlich so genannten „finsteren Mittelalter". Damals wurde die Dreifelderwirtschaft eingeführt. Damals wurden zum ersten Mal astronomische Uhren konstruiert, die den Zeitbegriff revolutionierten, weil sie den Tag der Bürger in die uns vertrauten vierundzwanzig Stunden teilten. An vielen Orten wurden Papiermühlen errichtet, die über das neue Schreibmaterial eine beispiellose Vermehrung des Wissens ermöglichten. Und es entstand ein dichtes Straßennetz, das die neuen Zentren des Glaubens, der Wissenschaft und des Handels miteinander verband.

Und das alles soll im *Rezeptionsraum* einer sekundären Religion geschehen sein, die „weltverneinend" war und auf „Weltüberwindung" zielte? Irgend etwas kann nicht stimmen an den glatten Theorien all derer, die den Christen Weltflucht, Weltverachtung und Diesseitsvergessenheit vorwerfen.

*

Es stimmt hinten und vorne nicht. Nicht nur, weil das Christentum seine jüdische Wurzel nie aufgegeben hat. Nicht nur, weil Jesus Jude war und seine Reich-Gottes-Verkündigung auf die Veränderung von Welt und Gesellschaft zielte. Nein, auch deshalb nicht, weil gerade der christliche Begriff der Totenauferstehung Weltverneinung oder gar Weltverachtung überhaupt nicht zulässt.

Denn die Auferstehung des Fleisches ist nach christlicher Auffassung eben nicht ein lineares Weiterlaufen des Lebens, nur eben in einer jenseitigen Welt. Auferstehung bedeutet vielmehr die Einbringung, Verwandlung und Vollendung aller irdischen Geschichte. Auferstehung heißt, dass jeder Augenblick irdischen

Lebens eingebracht wird in die Gegenwart vor Gott, verwandelt wird in das ewig-endgültige Leben bei Gott, das jenseits aller irdischen Zeit ist.

Somit ist Auferstehung die Ernte des irdischen Lebens, die Summe menschlicher Geschichte. Was hier nicht gelebt wurde, wird auch dort nicht sein. Das Miteinander, das hier versäumt wurde, wird auch dort nicht sein. Die Hinneigung und Liebe, die es hier nicht gab, wird auch dort nicht sein – in alle Ewigkeit nicht.

Umgekehrt: Jeder Augenblick der Offenheit für andere und des Dienstes an anderen wird Ewigkeit im Sinne endgültiger Ernte aller Zeit. Jeder Augenblick der Suche nach der Wahrheit wird ewiges Leben in der Wahrheit Gottes. Jeder Augenblick der Treue, der Hingabe, der Arbeit an der Welt wird eingebracht in die Vollendung aller Geschichte.

Weil die Auferstehung des Fleisches eingebrachte und verwandelte Geschichte ist, bekommt jeder Augenblick dieser Geschichte unwiederholbare Bedeutung. Wer an die Auferstehung glaubt, glaubt an die Kostbarkeit jeder Sekunde irdischen Lebens. Er verachtet das Leben nicht, er sucht ihm nicht zu entfliehen, sondern er kennt das Gewicht der Zeit.

Von einem sachgerechten Begriff der Auferstehung her kann es überhaupt keine Spannung zwischen christlichem Diesseits und christlichem Jenseits geben, erst recht keine Weltverachtung. Der Vorwurf, das Christentum vertröste seine Gläubigen auf das Jenseits und verabreiche ihnen Opium, das irdische

Jammertal besser ertragen zu können, weiß nicht, was mit Auferstehung gemeint ist. Ein Christ, der wahrhaft an die Auferstehung glaubt, kann gar nicht anders, als seine ganze Kraft für die Veränderung dieser Welt einzusetzen. Insofern redet Goethes Faust am Ende seines Lebens an der Sache vorbei, wenn er deklamiert:

Nach drüben ist die Aussicht uns verrannt;
Tor, wer dorthin die Augen blinzelnd richtet,
Sich über Wolken seinesgleichen dichtet;
Er stehe fest und sehe hier sich um!
Dem Tüchtigen ist diese Welt nicht stumm.
Was braucht er in die Ewigkeit zu schweifen?

Das Gegenteil ist wahr. Der Glaube an Gott gibt gerade die Kraft, die Welt als Gabe und Aufgabe zu erkennen und sie zu lieben. Im Übrigen redet hier Faust, nicht Goethe. Der Alte aus Weimar hat die markigen Sätze Fausts in einen Zusammenhang gestellt, der alles noch einmal mit anderen Vorzeichen versieht: Der nicht nach oben blinzelnde Tatmensch Faust will zwar eine neue Welt mit glücklichen Menschen schaffen. Doch dabei übersieht er, dass in seiner neuen Welt die glücklichen Alten Philemon und Baucis umgebracht werden (Faust hatte ihre Umsiedlung angeordnet), und während er wähnt, dass an seinem großen Welterlösungsvorhaben gearbeitet wird, schaufeln die Lemuren sein Grab. Und die Blindheit des alten Faust? „Kein Attribut eines Sehers, sondern das der Verblendung und Ignoranz." (Michael Jaeger)

Ausblick:

Wer hat die bessere Antwort?

Am Ende dieses Buches blicken wir zurück: Wer hat die bessere Antwort auf die großen Fragen des Lebens – derjenige, der an den Gott Jesu Christi glaubt, oder derjenige, der sich jedem Glauben an Gott verweigert?

Wer nicht nur Agnostiker ist, sondern bewusster Atheist, muss davon ausgehen, dass nach dem Tod das reine Nichts kommt. Diese Vorstellung mag ihn nicht weiter erschrecken. Denn nicht das Nichts ist für ihn schlimm, sondern das Sterben, der Übergang ins reine Nichts.

Immerhin sollte sich jeder Atheist fragen: Warum eigentlich die unendliche Sehnsucht des Menschen, warum sein ständiges Über-sich-selbst-Hinausgreifen, warum sein nie endendes Weiterfragen, warum all die kleinen und großen Hoffnungen, warum die Lust, die nichts anderes als tiefe Ewigkeit will – wenn am Ende eben doch das Nichts nichtet?

Dazu das Unaufgelöste der Geschichte! Menschen, die in den Schmutz getreten wurden und die keiner jemals aufgerichtet hat. Männer und Frauen, die umgebracht wurden, und deren Mörder niemand gerichtet hat. Kinder, die vergewaltigt wurden, und deren Vergewaltiger sich ins Fäustchen lachten.

Unrecht, das nie aufgedeckt, Unheil, das niemals geklärt wurde.

Falls diese Sieger- und Verlierergeschichten tatsächlich niemals umgeschrieben werden, falls dieses maßlose Leid, dieses Ineinander von Schuld und Unschuld in Ewigkeit ungeklärt bleiben sollte, kann die Geschichte nur als absurd und bis in ihre letzte Tiefe als widersinnig angesehen werden. Selbst die Hoffnung auf eine Optimierung der Weltgeschichte kann das Elend der in der Vergangenheit Entrechteten niemals beseitigen. Atheisten müssten also den Mut haben zu sagen: Ja, wir leben in einer im Grunde sinnlosen, grotesken und absurden Welt, an deren Absurdität auch unsere kleinen privaten Wunscherfüllungen nichts ändern können. Der Christ muss sich das nicht sagen. Er kann die Geschichte mit anderen Augen ansehen. Er muss sich nicht für den Unsinn und zugleich für ein halb-verzweifeltes, heroisches „Dennoch" entscheiden.

Er kann auch den Menschen mit anderen Augen ansehen. Wie der Atheist betrachtet auch der Christ den Menschen sehr nüchtern: entstanden aus dem Staub von Sternen, hochentwickelt aus dicht behaarten Säugetieren, die – in den Zeiträumen der Evolution gemessen – erst vor kurzem von den Bäumen herabgestiegen sind. Immer noch halb Tier, immer noch in der Gefahr, alles ihm Fremde zu hassen und hinzumetzeln. Und doch, von eben diesem Menschen weiß der Christ, dass er von Gott geliebt ist, dass der Geist sein Angesicht schön gemacht hat, und dass jeder Sterbliche in den Augen Gottes so kostbar ist, dass Gott selbst ein Sterblicher wurde.

Schließlich: Der Atheist weiß nicht, woher die Welt kommt. Er kann natürlich auf naturwissenschaftlicher Ebene immer weiter zurückfragen. Aber das ist nicht die Frage nach dem letzten Grund der Welt. Er muss entweder annehmen, dass es die Welt schon immer gibt, dass also Materie und Energie ewig sind (aber warum eigentlich, wo doch alles in der Welt eine Ursache hat?) – oder er muss annehmen, dass der Kosmos plötzlich von selbst aus dem Nichts ins Dasein sprang. So kürzlich Harald Fritzsch, Ordinarius für Theoretische Physik an der Universität München[30]:

Im heutigen Universum scheint eine Balance zwischen der auseinander treibenden kinetischen Energie der Materie und der anziehenden Energie aufgrund der Gravitation zu bestehen. Vieles spricht dafür, dass die Gesamtenergie des Universums null ist. Damit eröffnet sich die Möglichkeit, dass unser Weltall spontan aus dem Nichts entstanden ist.

Spontan? So hübsch das klingt: Es ist ein Überschritt von Phänomenen und Prozessen, wie sie ein Physiker beschreiben kann, in eine metaphysische Aussage, die ihm aus methodischen Gründen verschlossen ist. Über das „Nichts" und über „Entstehung aus dem Nichts" im philosophischen Sinn kann ein Physiker mit seinen Mitteln schlechterdings keine Aussagen machen. Aber man spürt hier die ganze Not des Atheismus. Warum es die Welt gibt und weshalb nicht lieber das reine

Nichts, ist eine Frage, die kein Atheist beantworten kann. Er muss mit der Nicht-Antwort auf diese letzte aller Fragen leben. Der Christ hat eine Antwort.

*

Am Ende dieses Buches steht noch eine notwendige Differenzierung aus: Es gibt viele Arten von Atheisten und ganz verschiedene Sorten von Atheismus. Nicht alle Atheisten sind dezidierte Christentumshasser wie Richard Dawkins. Es gibt auch nachdenkliche Atheisten, die wissen, wo sie herkommen. Ein Beispiel: André Comte-Sponville (*1952), ein bekannter französischer Philosoph, hat 2006 ein Buch geschrieben mit dem Titel[31]: „L'esprit de l'athéisme. Introduction à une spiritualité sans Dieu" (Der Geist des Atheismus. Einführung in eine Spiritualität ohne Gott).

In diesem Buch ist nichts zu finden von Aggression auf das Christentum. Vor allem: Sein Autor hat begriffen, dass auch die Atheisten glauben. Atheisten jeder Couleur glauben mit fast rührender Ergriffenheit, dass es keinen Gott gibt, dass die Welt keinen Sinn hat und dass am Ende das Nichts kommt. So laut und so deutlich zu sagen, dass auch der Atheismus eine Art „Glaube" ist, ein festes „Für-wahr-Halten", dass es keinen Gott gibt, und dass deshalb der Atheismus gerade nicht wissenschaftlich begründbar und ableitbar ist, erscheint gegenüber Dawkins als wirklicher Fortschritt.

Und was noch wichtiger ist: Comte-Sponville macht damit ernst, dass auch ein Atheist ein eigenes, ihm angemessenes Ethos braucht. So spricht er von Liebe, von Gemeinschaft, von Spiritualität und Innerlichkeit, vom Schweigen und von der Offenheit, ja sogar vom „Mysterium des Seienden".

Aber realisiert er auch wirklich, was es bedeutet, dass ihn all diese Haltungen über die Kirche erreicht haben und dass sie letztlich dem biblischen Glauben entstammen? Allein schon das Wort „Spiritualität" verrät es: Es meint die christliche Lebensführung aus dem Geist *(spiritus)* Gottes.

Auf jeden Fall gilt: Es gibt Atheisten, die sich jeder Christ als Gesprächspartner nur von Herzen wünschen kann. Ihr Atheismus hilft ihm, den eigenen Glauben zu klären und ihn von falschem Ballast zu befreien.

Die Begegnung mit einem unbestechlichen und sich selbst gegenüber kritischen Atheismus kann den Glauben nur beleben. Zwischen dem christlichen Glauben und dem echten, dem radikal fragenden und zugleich bekümmerten Atheismus gibt es viele Gemeinsamkeiten. Denn der jüdisch-christliche Glaube ist unablässig dabei, die Götter der Welt zu leugnen und den vielen falschen Gottesbildern, die das Bild des wahren Gottes immer wieder überlagern, mit schärfster Kritik zu begegnen. Man sollte nie vergessen, dass die Christen der kirchlichen Frühzeit von ihren heidnischen Gegnern aus eben diesem Grunde als „Atheisten" bezeichnet wurden. Der russische Literatur-Theoretiker Michail Bachtin sagt mit Recht:

Der Glaube lebt dicht an der Grenze zum Atheismus, schaut ihn an und versteht ihn; der Atheismus lebt dicht an der Grenze des Glaubens und versteht den Glauben.

Der wahre Atheist versteht den Glauben, weil er selbst radikal denkt und radikal lebt. Und der wahre Gläubige versteht den Atheismus, weil auch er ein Religionskritiker ist. Der wirklich gefährliche Feind des Glaubens ist deshalb auch nicht der Atheismus, sondern die Gleichgültigkeit, die Lauheit, die Denkfaulheit, die Arroganz – und zwar von drinnen wie von draußen.

Anmerkungen

1 Inzwischen bietet auch das Internet Plattformen, auf denen gegen die Religion allgemein und gegen das Christentum speziell agitiert wird. Nähere Angaben macht Thomas Schärtl, Neuer Atheismus. Zwischen Argument, Anklage und Anmaßung: Stimmen der Zeit 133 (2008) 147–161, dort 147.

2 Michael Schmidt-Salomon, Wo bitte geht's zu Gott? fragte das kleine Ferkel. Ein Buch für alle, die sich nichts vormachen lassen, Aschaffenburg 2007.

3 Richard Dawkins, Der Gotteswahn, Berlin ⁴2007.

4 Neben R. Dawkins ist vor allem zu nennen: Ch. Hitchens, God is not Great. How Religion Poisons Everything, New York 2007.

5 Martin Heidegger, Was ist Metaphysik? Frankfurt am Main ⁷1955, 42.

6 Die religionskritischen Texte des Xenophanes sind übersichtlich zusammengestellt bei Karl-Heinz Weger, Religionskritik (Texte zur Theologie. Fundamentaltheologie 1), Graz 1991, 19–20.

7 Zitiert nach Ludwig Feuerbach, Das Wesen des Christentums (Reclams Universal-Bibliothek 4571) Stuttgart 2005, (Einleitung 1. Kapitel) 41 Anm. 3.

8 Wesen des Christentums I 3 (s. o. Anm. 7) 80.

9 Wesen des Christentums I 13 (s. o. Anm. 7) 200. 203.

10 Robert Gernhardt, Gedichte. 1954–94, Zürich 1996, 142.

11 Wesen des Christentums I 17 (s. o. Anm. 7) 240.

12 Wesen des Christentums, (s. o. Anm. 7) 51.

13 Augustinus, Confessiones I 1.

14 Wesen des Christentums, Vorrede zur 2. Auflage (s. o. Anm. 7) 33.

15 Charles Darwin, On the Origin of Species by Means of Natural Selection, 1859.

16 Richard Dawkins (s. o. Anm. 3) 291–326.

17 Richard Dawkins (s. o. Anm. 3) 299.

18 Richard Dawkins (s. o. Anm. 3) 300.

19 Richard Dawkins (s. o. Anm. 3) 306–307.

20 Richard Dawkins (s. o. Anm. 3) 315.

21 Wiedergegeben bei Ivan Nagel, Rassismus, das Rattenhafte im Menschen: FAZ vom 8. September 2000, Nr. 209, 54.

22 Arthur Schopenhauer, Über Religion, in: Parerga und Paralipomena II 2, (Zürcher Ausgabe Bd. 10) Zürich 1977, 395.

23 Dick Francis, Unbestechlich. Roman, Zürich (Diogenes Taschenbuch 22483) 1992, 169.

24 Vgl. zum Folgenden das Hirtenwort der deutschen Bischöfe vom 27. September 2000 „Gerechter Friede", hrsg. vom Sekretariat der Deutschen Bischofskonferenz, Bonn, 12–26.

25 Richard Dawkins (s. o. Anm. 3) 45.

26 Vgl. Bernd Janowski, Das Buch der unverfälschten Spiritualität. Zum neuen Psalmenkommentar von F.-L. Hossfeld u. E. Zenger: Biblische Zeitschrift 47 (2003) 43–65, dort 58.

27 Jan Assmann, Die Mosaische Unterscheidung oder der Preis des Monotheismus, München 2003.

28 Jan Assmann (s. o. Anm. 27) 20–21.

29 Hieronymus Geist, Römische Grabinschriften, München 1969, 164–167.

30 Harald Fritzsch: FAZ vom 7. April 1999, Nr. 80, N 3.

31 In Deutsch erschienen unter dem Titel: „Woran glaubt ein Atheist? Spiritualität ohne Gott", Zürich 2008.

Aus dem Verlagsprogramm

Joseph Ratzinger / Benedikt XVI.
Die Vielfalt der Religionen und der Eine Bund
Urfelder Reihe Band 1
4. Auflage, 131 S., geb., ISBN 978-3-932857-20-1

Gerhard Lohfink, Das Vaterunser neu ausgelegt
Urfelder Reihe Band 7
2. Auflage, 99 S., geb., ISBN 978-3-932857-32-4

Gerhard Lohfink, Auf der Erde, wo sonst?
Ein theologisches Tagebuch
263 S., geb., ISBN 978-3-932857-19-5

Gerhard Lohfink, Bibel Ja – Kirche Nein?
Kriterien richtiger Bibelauslegung
Urfelder Texte Band 1
2. Auflage, 47 S., kt., ISBN 978-3-932857-41-6

30 Jahre Wegbegleitung
Joseph Ratzinger · Papst Benedikt XVI.
und die Katholische Integrierte Gemeinde
Hrsg. von Traudl Wallbrecher, L. Weimer, A. Stötzel
192 S., über 240 Fotos, Leinen mit Schutzumschlag
ISBN 978-3-932857-40-9

Benedictus. Neue Lieder für das Gottesvolk
Hrsg. v. Peter F. Schneider, F. Fellnhofer, H. Beermann
178 Gesänge, 192 S., geb. mit Zeichenband
ISBN 978-3-932857-70-6

Peter F. Schneider, Tochter Zion. Kantate
CD mit 24-seitigem Begleitheft mit Texten (dt./engl.)
ISBN 978-3-932857-69-0

VERLAG URFELD   www.verlag-urfeld.de